近畿圏版⑦　最新入試に対応！ 家庭学習に最適の問題集!!

大阪教育大学附属
天王寺小学校

2022～2023年度過去問題を掲載

2024 年度版

過去問題集

合格までのステップ

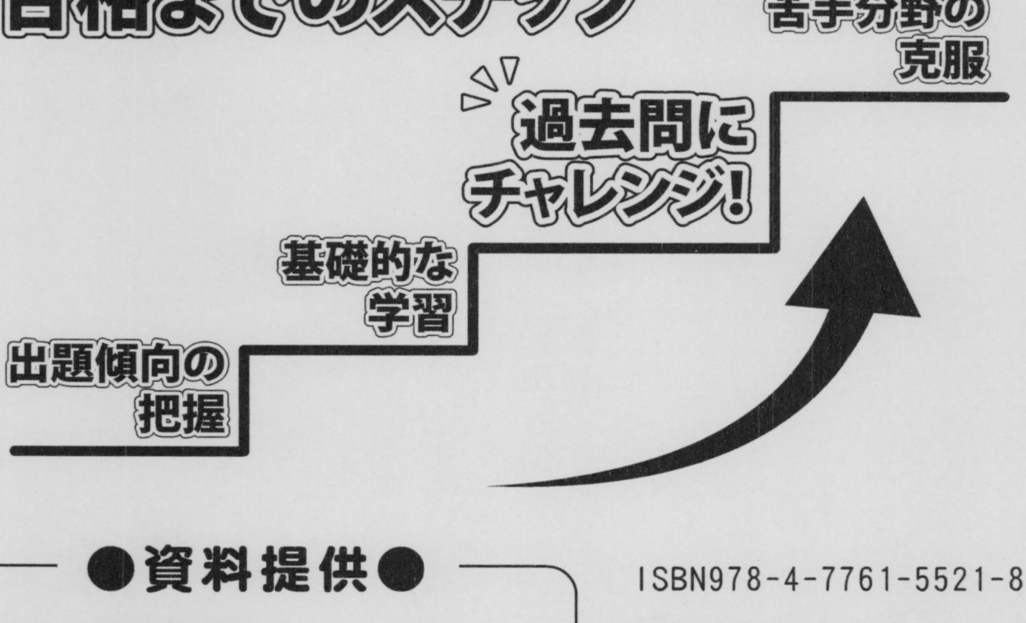

●資料提供●

くま教育センター

日本学習図書　ニチガク

ISBN978-4-7761-5521-8
C6037 ¥2000E
定価 2,200 円
(本体 2,000 円 + 税 10%)
9784776155218
1926037020004

目指せ！合格！

家庭学習ガイド
大阪教育大学附属天王寺小学校

ペーパー　巧緻性　制 作　絵 画　行動観察　運 動　親子面接

入試情報

募 集 人 数：男女 105名
応 募 者 数：男子 192名・女子 198名
出 題 形 態：ペーパー・ノンペーパー形式
面　　　接：志願者面接・保護者面接
出 題 領 域：行動観察、運動、制作、絵画、ペーパーテスト（記憶・言語・数量・図形・巧緻性・ 推理・常識 ほか）

入試対策

親子の関係も評価の対象になったようで、2019年度入試から行動観察の課題として「親子活動」が加わりました。さらに試験中に保護者アンケートも実施されています。志願者には従来どおり、ペーパーテスト、行動観察が２日間に分けて行われています。ペーパーテストは、幅広い分野から出題されており、「お話の記憶」「数量」「言語」「図形」「巧緻性」「推理」「常識」などが男女ともに頻出の課題となっています。思考力重視の出題傾向をしっかりと把握しましょう。2022年度入試はさらにその傾向が強くなり、ペーパーテストの枚数自体も増えています。充分な準備が必要な入試と言えるでしょう。

●試験前の抽選は2017年度から廃止され、志願者全員が考査を受けることができます。

●２段階選抜のテストになっています。１日目を通過しないと２日目に進めません。

●試験の実施順は「ペーパーテスト」「制作」「リズム運動」「保護者へのアンケート」（以上１日目）「運動」「歌」「行動観察」「面接（アンケート内容の質問あり）」（以上２日目）です。２日間に渡る長丁場のテストです。お子さまはもちろん、保護者の方も体調を万全にして臨みましょう。

●ペーパーテストは応用力を必要とする複合問題が目立ちます。指示をよく聞き、何を聞かれているかをしっかりと把握してから答えるようにしてください。

●2023年度入試では「絵画」が出題されました。絵が上手下手ではなく、取り組む姿勢や道具の扱い方が評価のポイントになります。

●当校の行動観察は、これまで「自由遊び」や「サーキット運動」などさまざまなものが出題されましたが、近年では男女とも、チームに分かれて人とのかかわり、物の扱い方、普段の生活を観察できるような競技色の薄い課題が出されています。

<合格のためのアドバイス>

　ここ数年、当校の入試問題は毎年のように変化しています。以前のように解らなければとりあえず解答しておけばよいという内容から、じっくり考えること、言葉を理解してしっかりと対応することが求められるようになりました。

　また、当校の対策は、お子さまと保護者の方、それぞれが必要になってきています。お子さまが頑張っても、保護者の方によって残念な結果になることも起こりうる入試と言えるでしょう。

　出題内容に目を向けてみると、今までとは解き方も出題方法も違う問題が出題されました。ですから、出題内容が理解できなければ解答することができなかったと思います。このような問題の場合、いきなり難しい問題に取り組むのではなく、まずは、基礎的な問題をしっかりと身に付けた上で実践問題に取り組みましょう。また、躾面も重要です。

　当校の対策の一番のポイントは、過去問題をよく読み出題意図を正しく把握することです。過去問全体を読んだ時に注目していただきたいのは、出題の観点が毎年のように増えていることです。しかも、関西では他校での類似問題はあまり見られない出題方法や問題であったという点を考慮すると、しっかりと基礎力をつけることがより重要となったと言えるでしょう。

　不合格だった人の特徴の一つに、学校側の指示、出題をしっかりと理解し、対応できなかったという点が挙げられます。

　保護者の方に目を向けると、近年、当校は保護者に対して強い姿勢と意識をもって対応しています。保護者の方の対策は、配布された文章をしっかりと読み、理解し、書かれてあるとおりにすることが求められます。

　学校側は、個人の判断による、自分勝手な行動に強い危機感を抱いています。例えば、登校時の交通手段などです。自分だけはという考えから、自家用車を使用して当校するなど、身勝手な対応、言われたことを理解していない行動は特に嫌っています。

　こういった点から、お子さま、保護者の方とともに、しっかりと対策をとりましょう。各問題の観点などは、アドバイスをしっかりと読み対応してください。

〈2023年度選考〉

◆ペーパーテスト
◆行動観察
◆制作
◆絵画
◆行動観察・運動（集団）
◆面接（親子活動）

◇過去の応募状況

2023年度	男子192名	女子198名
2022年度	男子192名	女子219名
2021年度	男子229名	女子211名

大阪教育大学附属
天王寺小学校

過去問題集

〈はじめに〉

　現在、少子化が叫ばれているにもかかわらず、私立・国立小学校の入学試験には一定の応募者があります。入試は、ただやみくもに学習するだけでは成果を得ることはできません。志望校の過去における出題傾向を研究・把握した上で、練習を進めていくこと、その上で試験までに志願者の不得意分野を克服していくことが必須条件です。そこで、本問題集は小学校を受験される方々に、志望校の出題傾向をより詳しく知って頂くために、過去に遡り出題頻度の高い問題を結集いたしました。最新のデータを含む精選された過去問題集で実力をお付けください。

　また、志望校の選択には弊社発行の**「2024年度版　近畿圏・愛知県　国立・私立小学校　進学のてびき」**をぜひ参考になさってください。

〈本書ご使用方法〉

◆出題者は出題前に一度問題を通読し、出題内容などを把握した上で、**〈準備〉**の欄に表記してあるものを用意してから始めてください。

◆お子さまに絵の頁を渡し、出題者が問題文を読む形式で出題してください。問題を読んだ後で、絵の頁を渡す問題もありますのでご注意ください。

◆**「分野」**は、問題の分野を表しています。弊社の問題集の分野に対応していますので、復習の際の目安にお役立てください。

◆一部の描画や工作、常識等の問題については、解答が省略されているものがあります。お子さまの答えが成り立つか、出題者が各自でご判断ください。

◆**〈時間〉**につきましては、目安とお考えください。

◆問題右端の**［〇年度］**は、問題の出題年度です。**［2023年度］**は、「2022年の秋から冬にかけて行われた2023年度入学志望者向けの考査で出題された問題」という意味です。

◆**学習のポイント**は、指導の際にご参考にしてください。

◆**【おすすめ問題集】**は各問題の基礎力養成や実力アップにご使用ください。

〈本書ご使用にあたっての注意点〉

◆文中に**この問題の絵は縦に使用してください。**と記載してある問題の絵は縦にしてお使いください。

◆**〈準備〉**の欄で、クレヨン・クーピーペンと表記してある場合は12色程度のものを、画用紙と表記してある場合は白い画用紙をご用意ください。

◆文中に**この問題の絵はありません。**と記載してある問題には絵の頁がありませんので、ご注意ください。なお、問題の絵の右上にある番号が連番でなくても、中央下の頁番号が連番の場合は落丁ではありません。

◆下記一覧表の●が付いている問題は絵がありません。

問題1	問題2	問題3	問題4	問題5	問題6	問題7	問題8	問題9	問題10
									●
問題11	問題12	問題13	問題14	問題15	問題16	問題17	問題18	問題19	問題20
	●	●		●					
問題21	問題22	問題23	問題24	問題25	問題26	問題27	問題28	問題29	問題30
								●	●
問題31	問題32								
●	●								

㊢ 先輩ママたちの声！

◆実際に受験をされた方からのアドバイスです。
ぜひ参考にしてください。

附属天王寺小学校

・携帯電話の持ち込みはＮＧです。持ってきてしまった場合は、学校に預かってもらうことになります。受験番号でどの児童の保護者かもわかりますので、必ず預けるようにしてください。

・面接では、毎回テーマに沿った口頭試問が行われます。お箸の持ち方などマナーに関してはしっかりと教えておくとよいと思います。

・普段から時間にゆとりを持って、遊ぶ機会をたくさん作ることを意識しました。なるべく、博物館や動物園、体験型施設など知識や経験が増やせるようなところを選んで出かけるようにしました。

・家族でアウトドアに出かけるなど、自然の中で過ごす時間が持てるように気を付けました。

・待ち時間が長くて走り回る子どもがいました。飽きないように、本や折り紙などを持って行った方がいいと思います。

・問題の聞き取りには、日頃、話をしっかり聞いて行動するように躾けておくとよいと思います。

◎学習効果を上げるため、前掲の「家庭学習ガイド」及び「合格のためのアドバイス」をお読みになり、各校が実施する入試の出題傾向を、よく把握した上で問題に取り組んでください。
※冒頭の「本書ご使用方法」「本書ご使用にあたっての注意点」も併せてご覧ください。

2023年度の入試問題

問題1　分野：常識

〈準　備〉　鉛筆

〈問　題〉　・(問題1－1の絵を渡す)ペアで使うもの同士を線で結んでください。
・(問題1－2の絵を渡す)仲間同士を線で結んでください。

〈時　間〉　各30秒

〈解　答〉　下図参照

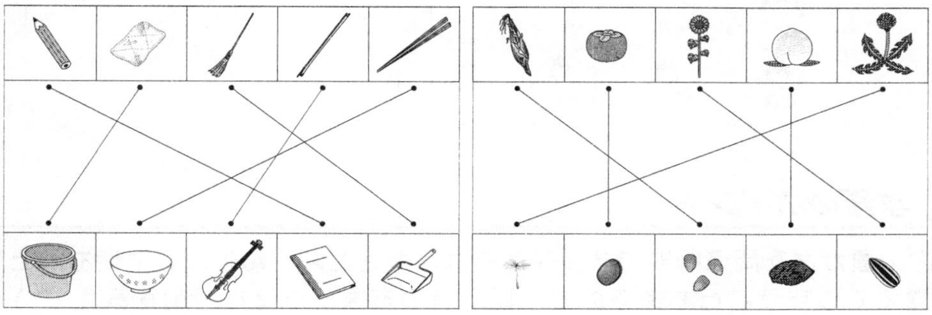

学習のポイント

例年出題されている、仲間集めの問題です。問題1-1では、掃除、勉強、食事、楽器のペアになるものを見つけ、線で結びます。問題1-2は、食材や植物と、その種子を線で結びます。これらのペアは、「〇〇と△△は一緒に使うんだよ」教えられて覚えるものというよりは、普段の生活体験を通して自然と身についていく知識です。もしお子さまが間違えてしまった場合は、図鑑を読んだり、実際に道具を使ったり、スーパーで食材を見たりして、体験させてあげるとよいでしょう。また、保護者の方は、お子さまが引いた線までチェックしてください。線が薄かったり、歪んでいたりしたら、解答に自信がない可能性があります。お子さまが解答に確信を持てるよう、ご家庭でたくさんの会話をすることを心がけてください。

【おすすめ問題集】
Ｊｒ・ウォッチャー12「日常生活」、27「理科」、34「季節」、52「理科②」

問題2　分野：常識

〈準　備〉　鉛筆、音源、音を流す機器

〈問　題〉　今から流す音と関係のある絵に○をつけてください。
①「ドンドン」（叩く音）
②「ザーザー」（掃除機をかける音）
③「パチパチ」（軽快な叩く音）
④「ジュージュー」（焼く音）

〈時　間〉　各10秒

〈解　答〉　下図参照

学習のポイント

語彙力の豊かさを問う問題です。子どもは言葉をどんどん吸収して使おうとしますが、感覚で覚えてしまうこともあるので、保護者の方は、正確な名前を教えていくことが大切です。本問では、「オノマトペ（擬声語・擬態語）」が多く出題されているので、お子さまの表現力も観られていると考えられます。オノマトペは、感情や状態を表現できる楽しい言葉ですから、日常生活や言葉遊びを通して、楽しみながら知識を増やしていきましょう。そうすることで、どういう場面でどのように使うのかも自然と覚えていくはずです。保護者の方は、お子さまが楽しく、意欲的に取り組める環境作りにも気を配ってください。

【おすすめ問題集】
Ｊｒ・ウォッチャー17「言葉の音遊び」、18「いろいろな言葉」、
60「言葉の音（おん）」

問題3　分野：巧緻性（模写）

〈準備〉　色鉛筆、鉛筆
※あらかじめ、問題3－1の線を指定された色でなぞっておく。

〈問題〉　（問題3－1の絵を渡す）
お手本と同じになるように、色鉛筆で書きましょう。
（問題3－2の絵を渡す）
お手本と同じになるように、☆から●まで鉛筆で書きましょう。

〈時間〉　①②③各40秒　④⑤各20秒

〈解答〉　省略

学習のポイント

運筆の問題は、難しいものでなくてもよいので、毎日続けることをおすすめいたします。点と点を結ぶ、点から点へまっすぐな線を書く、間違えないように慎重に線を引く、など、普段から取り組む姿勢を意識することが大切です。鉛筆の持ち方も関係してきます。左から右、もしくは上から下へ書き進めるのが基本ですが、左利きのお子さまは、右側から書き始め、書いた線がきちんと見えるように進めていくとよいでしょう。運筆は、線の書き間違えが多くなるほど、訂正の印が増え、正しい線がどれなのか、本人も採点者もわかりづらくなってしまいます。慎重に座標を見極め、一度でしっかりと模写ができるように練習をしていきましょう。

【おすすめ問題集】
Ｊｒ・ウォッチャー1「点・線図形」、2「座標」、51「運筆①」、52「運筆②」

問題4　分野：制作

〈準備〉　新聞紙、スティックのり
※あらかじめ、問題4－1の形を切り取っておく。

〈問題〉　（机が汚れないように新聞紙を広げてから作業する）
（切り取った問題4－1の形と、問題4－2の台紙を渡す）
台紙にある形の枠にぴったり重なる形を見つけて、スティックのりを使って貼りましょう。

〈時間〉　5分

〈解答〉　省略

学習のポイント

本問では、巧緻性が求められます。巧緻性は毎日コツコツ取り組むことで上達するものです。試験官は、道具の使い方を見れば、普段からその道具を使用しているかどうかわかりますし、作品を見れば、作った子どもの性格がある程度わかるのだそうです。お子さまは道具を適切に扱えていますか。のりは適量を使う、汚れ防止の新聞紙はきちんと敷いたまま作業するなど、細かいところまで観られていることを意識して作業しましょう。また、制作は、お子さまの精神状態を反映しますので、練習でも「〇〇しなさい」「〇〇はダメでしょう」などと、強い口調で指示をするのは避けてください。ご家庭で制作の練習をされる際は、保護者の方も一緒に作業されてみてはいかがでしょうか。明るい声かけをしながら、リラックスした状態で作業ができれば、お子さまは制作の課題に前向きに取り組むことができるでしょう。

【おすすめ問題集】
実践 ゆびさきトレーニング①・②・③、Ｊｒ・ウォッチャー23「切る・貼る・塗る」

問題５　分野：制作

〈準 備〉　両面テープ
※あらかじめ、問題５－２の形に両面テープを貼っておく。

〈問 題〉　（問題５－１の絵を渡す）
紙に書かれているすべての形を、線に沿って手でちぎってください。
（問題５－２の台紙を渡す）
台紙にある形の枠にぴったり重なる形を見つけて、両面テープをはがして貼りましょう。

〈時 間〉　５分

〈解 答〉　省略

学習のポイント

工程は口頭で説明されるので、どのような手順であるかを聞きながらイメージできないと難しく、把握できなかったお子さまは途中で他のお子さまの様子を見てしまうかもしれません。これは、減点になってしまうので、とにかく聞いたことを思い出しながら、自分の力で最後まで一生懸命やり遂げられるよう、普段からお子さまを見守る形で、お手伝いや制作活動をさせていくことが必要です。この課題は、巧緻性もさることながら、指示をどこまで聞けていたか、道具の使い方や片づけなどから、日常生活を窺っているものです。ごみは小さく畳んでおく、使ったものはすぐに片づける、これも日々の積み重ねです。

【おすすめ問題集】
実践 ゆびさきトレーニング①・②・③、Ｊｒ・ウォッチャー23「切る・貼る・塗る」

問題6　分野：お話の記憶

〈準備〉　鉛筆

〈問題〉　お話を聞いて、後の質問に答えてください。

今日、クマさんは、お友だちと一緒にピクニックに行きます。起きて、顔を洗ったクマさんが台所へ行くと、お母さんが朝ごはんを作っていました。クマさんが「今日の朝ごはんは何？」と聞くと、「目玉焼きと、ソーセージと、サラダと、パンよ」とお母さんが言いました。お父さんも起きてきたので、家族3人で一緒に朝ごはんを食べました。朝ごはんを食べ終わったクマさんは、歯磨きをして、ピクニックの準備をしました。ピクニックに持って行くリュックサックには、サッカーボール、水筒、お弁当、タオルを入れました。準備ができたクマさんは、お父さんとお母さんに「行ってきます」と言い、元気よく出かけました。公園に着くと、ウサギさん、ネコさん、キツネさん、リスさん、ゾウさんが先に着いていました。最初に、みんなでサッカーをしました。サッカーをしていると、お昼ごはんの時間になったので、お弁当を食べました。クマさんのお弁当には、トマト、玉子焼き、エビフライ、おにぎり、リンゴが入っていました。お弁当を食べたあとは、鬼ごっこをして遊びました。気がつくと夕方になっていたので「バイバイ」と言って、みんなはお家に帰りました。

①クマさんが朝ごはんに食べていないものに○をつけてください。
②クマさんがリュックサックに入れたものすべてに○をつけてください。
③クマさんが公園で会わなかった動物に○をつけてください。
④クマさんのお弁当に入っていたものすべてに○をつけてください。

〈時間〉　各10秒

〈解答〉　下図参照

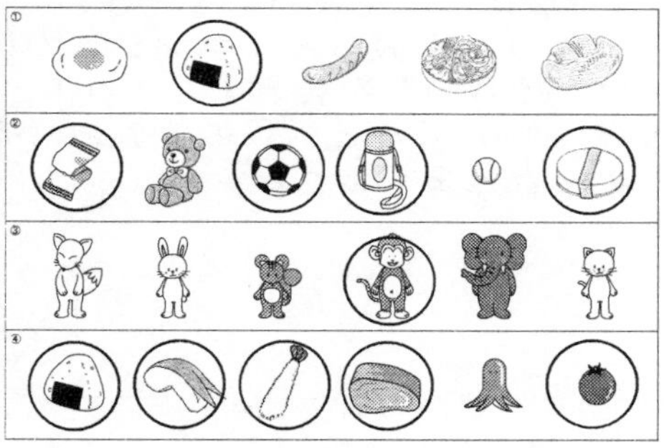

学習のポイント

お話の記憶を解く力は、普段からの読み聞かせの量が比例します。お子さまはしっかりと記憶できていたでしょうか。お話の内容を記憶し、かつ、各設問で問われていることを理解しなければいけないため、記憶が曖昧だったり、集中力が切れていると、この時点で混乱してしまうと思います。保護者の方は、お子さまが解答しているときの様子を観察し、しっかりと記憶できていたかをチェックしてください。チェックしたことは、保護者の方の胸の内にしまい、今後の対策に生かしてください。また、お話の記憶は自分が体験したことや、知っている内容などの場合、記憶しやすいと言われてますが、コロナ禍の生活を強いられたお子さまは、生活体験量が多くありません。ですから、普段の生活でコミュニケーションをとり、読み聞かせや、図鑑などを読むことで、記憶力と常識をしっかりと身につけるようにしましょう。

【おすすめ問題集】
1話5分の読み聞かせお話集①・②、お話の記憶問題集 初級編・中級編
Jr・ウォッチャー19「お話の記憶」、20「見る記憶・聴く記憶」

問題7 分野：推理

〈準備〉 鉛筆

〈問題〉 ①ウサギとカメはサイコロの出た目の数だけマス目を進みます。上の四角の中を見てください。ウサギとカメは、それぞれ3回ずつサイコロを振りました。ウサギの位置には○、カメのいる位置には◎を書いてください。
②ウサギが今いる位置から1回サイコロを振ると、ニンジンの位置に行きました。ウサギが振って出たサイコロの目の数を書きましょう。
③カメが今いる位置から2回サイコロを振ると、貝の位置に行きました。カメが振って出たサイコロの目の数を書きましょう。

〈時間〉 各30秒

〈解答〉 下図参照（③は左右逆でも可）

学習のポイント

設問①はサイコロの目の数だけマス目を進む、シンプルなたし算の問題です。間違えてしまった場合は、計算ミスなのか、マス目の数え始めや数え終わりの位置を間違えていたのかをチェックしてください。設問②③はニンジンや貝の位置から逆算してサイコロのマス目を考えます。一見難しそうに見えますが、設問②はニンジンと○の間のマス目の数を、設問③は貝と◎の間のマス目の数を数えればよいだけです。ただし、設問①の解答が間違っていると、設問②③も連動して間違えてしまうため、注意深く数える必要があります。焦らず、マス目１つひとつを指しながら丁寧に取り組みましょう。

【おすすめ問題集】
Ｊｒ・ウォッチャー14「数える」、38「たし算・ひき算１」、
39「たし算・ひき算２」

問題8　分野：図形（四方からの観察）

〈準 備〉　鉛筆

〈問 題〉　（問題８－１の絵を渡す）
それぞれの動物が机の上にある積み木を見ています。
（問題８－２の絵を渡す）
動物とその動物が見ている積み木の見え方の正しいものを選び、左上の小さな四角の中に、動物の記号を書いてください。

〈時 間〉　１分

〈解 答〉　下図参照

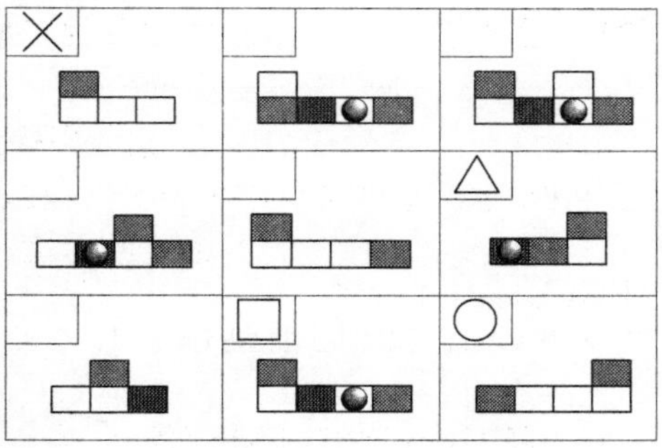

学習のポイント

例年出題されている、四方からの観察の問題です。数や積み方、色などさまざまな要素を考慮し、見え方を推測する必要があります。お子さまがイメージすることが難しい場合は、実際に積み木を使って確かめてみることをおすすめいたします。積み木をそれぞれの方向から見るとどのように違って見えるのか、積まれた積み木が他の積み木で隠れて見えなくなることはあるのかなどを確認しましょう。このとき、保護者の方は、お子さまがたくさんの発見を得られるように、道筋をさりげなく示してあげることが役目になります。ですから、お子さまが観察している様子を見守るだけにし、答えを教えないようにしましょう。質問を投げかけ、お子さまが思考する機会を設けることが大切です。

【おすすめ問題集】
Ｊｒ・ウォッチャー10「四方からの観察」、16「積み木」
53「四方からの観察（積み木編）」

問題9　分野：絵画

〈準備〉　色鉛筆

〈問題〉　お正月は何をしましたか。思い出して絵を描いてください。

〈時間〉　10分

〈解答〉　省略

学習のポイント

絵は上手下手ではなく、描いた絵から、お子さまの日常の様子や性格、好きなもの、興味あるもの、これまでに経験したことなどが感じられるので、そのあたりを観ていると考えられます。お子さまは、どのような絵を描いたでしょう。保護者の方が予想していたものでしたか。それとも予想外のものだったでしょうか。絵に制限はありませんので、自由に、のびのびと描きましょう。指導をする際、お子さまに制限をかけるような言葉をかけたりするのはおすすめできません。自由絵画、課題画などの練習をするときなどは、楽しいお話をしたあとに描いたり、読み聞かせと組み合わせて感想画を描くなどしてもよいと思います。また、試験中は色鉛筆の持ち方や、書くときの姿勢、足の位置などもしっかり観られていることも忘れてはいけません。

【おすすめ問題集】
実践 ゆびさきトレーニング①・②・③、Ｊｒ・ウォッチャー22「想像画」、
24「絵画」、29「行動観察」

問題10　分野：運動

〈準備〉　マット、縄跳び

〈問題〉　この問題の絵はありません。
(この問題は１グループ６人で実施します)
「やめ」の合図があるまで、マットの上で20回前跳びをしてください。(２回繰り返す)

〈時間〉　適宜

〈解答〉　省略

学習のポイント

前跳びの課題は、当校で例年出題されているものです。マットの上は床と違い、安定感に欠けます。ある程度の回数は引っかからずに跳べるよう、練習しておきましょう。合図があるまでは跳び続けないといけないので、集中力も必要になります。１、２分間はもくもくと取り組めることが望ましいです。練習する際は、ぜひ本問と同じお子さまに時間を伝えない形式でやることをおすすめいたします。集中が早めに切れてしまうお子さまには、「〇〇回跳んでみよう」と回数に意識を向けさせ、時間の経過を気にさせないという方法もあります。縄跳びは一朝一夕にできるものではありません。日頃から、継続して練習することで跳べる回数は増えます。事前にどれだけ練習をして準備してきたのか、その努力量がお子さまの様子から推測できます。

【おすすめ問題集】
新 運動テスト問題集、Ｊｒ・ウォッチャー28「運動」

問題11　分野：行動観察・運動

〈準 備〉　ドッジボール、サッカーボール、ラグビーボール、ボールを片付ける箱、段ボール（大・中・小のサイズで各１個ずつ）、的、カゴ、メダル

〈問 題〉　**この問題は問題11-１の絵を参考にしてください。**

（１チーム３人で実施する）
赤チームと青チームで「ボール入れ」をします。まず、ボールがたくさん入った箱から、自分が使うボールを取ります。ボールを取ったら、チームごとに白い線のところで１列で並びます。音楽が流れ始めたら、ボールを蹴って、真ん中にある段ボールのタワーを倒しましょう。蹴ったボールが真ん中にある赤い円の中に入ったら、箱から新しいボールを出して蹴ります。蹴ったボールが赤い円の中以外のところに転がったら、走らずに歩いて取りに行き、また白い線から蹴ります。音楽が止まったら、ボールを蹴るのをやめ、元通りにボールを箱の中に片付けてください。

（１チーム３人で実施する）
赤チームと青チームで「あっち向いてホイ」をします。チーム別で１列に並び、先生とあっち向いてホイをします。先生が指した方向と同じ方向を向いた人は、ボールを投げられないので、列の後ろに並び直します。先生が指した方向と違う方向を向いた人は、ボールを取り、的に向かって投げます。的に当たったら、カゴの中からメダルを取って、自分のチームの箱に入れます。このゲームは音楽が流れている間行います。音楽が止まったら、ボールやメダルを元通りに片付けてください。

この問題は問題11-２の絵を参考にしてください。

これから「ジェスチャー後出しじゃんけん」をします。まず、グー、チョキ、パーそれぞれのジェスチャーを教えるので、みんなで一緒に練習しましょう。
（先生がジェスチャーを教え、しばらく練習をする）
では、これから先生とじゃんけんをします。先生が先にじゃんけんのジェスチャーをするので、みなさんは先生に勝つじゃんけんのジェスチャーをしてください。（４回繰り返す）
では、次は先生が勝つようにじゃんけんのジェスチャーをしてください。（２回繰り返す）

〈時 間〉　適宜

〈解 答〉　省略

学習のポイント

チームのお友だちとコミュニケーションを取り、協力して取り組むことが求められます。チーム戦ですが、勝負を意識し過ぎることはよくありません。同じチームに、ボールを蹴ったり投げたりすることが苦手なお友だちがいても、焦らず、ポジティブな声かけができるようにしましょう。また、ゲームに集中し過ぎて、ボールを危険に扱わないように気をつけましょう。人がいる方向に向かって力いっぱいボールを蹴ったり、使ったボールを片づけないでおくことは、危険かつ自分勝手な振る舞いにあたります。安全で丁寧に道具を使うよう気を配りましょう。勝ち負けではなく、チームでよい雰囲気が作れているか、難しくても、諦めず最後まで取り組めているかを評価されています。

【おすすめ問題集】
新 運動テスト問題集、Ｊｒ・ウォッチャー28「運動」、29「行動観察」

問題12　分野：行動観察

〈準 備〉　マラカス

〈問 題〉　この問題の絵はありません。
これから「みんなでうたおう１・２・３」の歌を全員で歌います。歌いながらマラカスを使いますが、お約束があります。
・１番の歌詞の「１・２・３」のところで右手のマラカスを「シャン・シャン・シャン」と振ります。
・２番の歌詞の「ワン、ツー、スリー」のところで左手のマラカスを「シャン・シャン・シャン」と振ります。
・３番の歌詞の「さようなら」のところで両手のマラカスを思いきり振ります。

〈時 間〉　適宜

〈解 答〉　省略

学習のポイント

例年出題されている、歌を歌いながら楽器を扱う課題です。歌や楽器の扱い方の上手下手ではなく、指示を聞き、理解できているか、意欲的に取り組んでいるかなどが観られています。お子さまの性格によっては、人前で歌うことを恥ずかしがってしまったり、浮かれた態度をとってしまうかもしれません。声や動作が小さいと、「指示が聞けていない」「意欲的に取り組めていない」などの評価に繋がる可能性があり、動き回ったり、歌やリズムを気にしていない態度をとっていると、「他のお友だちに配慮ができていない」「落ち着きがない」などと判断される可能性があります。評価を過剰に気にすると、かえって動きがぎこちなくなってしまうものですから、指示をよく聞き、過度に緊張をすることなく、落ち着いて楽しめればそれでよい課題です。

【おすすめ問題集】
口頭試問最強マニュアル ペーパーレス編、Ｊｒ・ウォッチャー29「行動観察」

問題13　分野：制作

〈準備〉　折り紙、紙（大きな山を作る）、新聞紙、ツボのり

〈問題〉　この問題の絵はありません。
折り紙であじさいを折ります。今から、先生がお手本を1回だけ見せます。よく見て、折り方を覚えてください。できたら、机の上にあるツボのりを使って折り紙の裏面にのりを塗り、黒板に貼ってある山にあじさいを貼りましょう。

〈時間〉　5分

〈解答〉　省略

学習のポイント

折り方は1回しか示されませんから、しっかりと集中し、手順を記憶しましょう。正しく折るだけではなく、丁寧に折ることも大切です。折り紙の端と端はぴったり重ねて折れていますか。折り目はしっかりとつけられていますか。折り紙を開くときは、破れないように慎重に作業できていますか。失敗はできませんから、焦らず、確実に折るようにしましょう。また、のりの使い方も工夫する必要があります。スティックのりとは違い、ツボのりを使う際は、量や塗り広げ方に気を配らなければ、紙がよれたり、貼りにくい事態が発生します。このような制作のコツは、経験を通して身についていくものですから、ご家庭で練習することをおすすめいたします。

【おすすめ問題集】
実践 ゆびさきトレーニング①・②・③、Ｊｒ・ウォッチャー23「切る・貼る・塗る」

問題14　分野：面接

〈準 備〉　なし

〈問 題〉　※６人の先生が受験者と保護者に対して、１人１つずつ質問をするので、簡潔に答えるよう指示がある。

①受験者に対して

この問題は問題14-1の絵を参考にしてください。

・（泣いている子どもの絵を見せながら）どうして泣いていると思いますか。こんなとき、あなたならどうしますか。

・小学校に入学したら、どんなことをしたいですか。それはなぜですか。

②保護者に対して

・お子さまの良いところ、悪いところを具体的なエピソードを交えて教えてください。悪いところは、直すためにどのように指導していますか。（父親、母親どちらも答えるよう指示がある）

・（受験者に対して）今のお話を聞いて、どう思いましたか。

③受験者に対して

・何をして遊ぶのが好きですか。それはなぜですか。（願書に書いてある内容を元に、遊びについて追加で質問がある）

④保護者に対して

・保護者アンケートはどなたが書かれましたか。（記入者にアンケート内容について追加で質問がある）

・（アンケート記入者ではない方に）受験勉強に関して、お子さまが得意なことと、苦手なことをお教えください。苦手なことはどのような対策をされたかもお教えください。

⑤受験者に対して

この問題は問題14-2の絵を参考にしてください。

・（箱の中から積み木を数個出す）積み木は全部でいくつありますか。この積み木を家族３人で分けてください。なぜそのように分けたのですか。

・今からしりとりをします。しりとりで詰まっている人がいたら、ヒントを出して助けてあげてください。では、誰から始めますか。（受験者にしりとりの順番を決めさせる。先生はしりとりの途中に詰まったふりをするので、受験者は助ける）

⑥保護者に対して

・志望理由について改めてお聞かせください。（父親、母親どちらも答えるよう指示がある）

・（受験者に対して）どうしてこの学校に来たいのですか。

〈時 間〉　適宜

〈解 答〉　省略

学習のポイント

面接は、受験者と保護者に交互に質問する形式で行われました。面接が始まる前に、「簡潔にお答えください」と指示があるため、はきはきとテンポよく回答できるようにしましょう。保護者の方に対しては、志望動機やお子さまの性格についてなど一般的質問のほか、出願書類や保護者アンケートの内容に対する質問もあるようです。保護者アンケートにどのようなことを書いたかは覚えておきましょう。また、例年当校の面接では、簡単な行動観察が実施されます。2023年度は「イラストを見て状況を推測し、対応を考える」「積み木の分配」「しりとり」でした。どれも、受験者の問題解決能力やコミュニケーション力を観ています。初めて会う人とも抵抗なく会話ができるよう、普段から家族やお友だち以外の人と話す機会を設けてあげるとよいでしょう。

【おすすめ問題集】
面接テスト問題集、新・保護者のための面接最強マニュアル、
小学校受験の入試面接Ｑ＆Ａ

問題15　分野：自由遊び

〈準備〉　玉入れセット、ペットボトル、ボール、輪投げセット、的、風船

〈問題〉　この問題の絵はありません。
体育館にある道具を自由に使って遊んでください。いくつかお約束があります。
・走らないこと。
・時間内になるべく全部の道具で遊ぶこと。
・音楽が流れ始めたら、遊んでいる道具を片付けること。

【用意されていた道具】
玉入れ、ペットボトルのボウリング、輪投げ、的当て、風船バレーなど

〈時間〉　適宜

〈解答〉　省略

学習のポイント

楽しい課題ですが、これも試験であることを忘れないようにしましょう。まず、３つのお約束は必ず守りましょう。次に、道具の扱いには注意しましょう。投げたり、使わない道具をほったらかしにしておくのは危険です。遊びに熱中しすぎて、そのようなことが疎かにならないようにしましましょう。さらに、お友だちとコミュニケーションはとれているか、楽しんで取り組めているかなども観られます。道具の数には限りがありますから、お友だちと遊びたいものが被ってしまった際は、どのような対応を取るべきか、ご家庭で話し合ってみましょう。集団の行動観察では、コミュニケーション力は特に必要ですから、普段から、初めて会うお友だちと遊ぶなどし、協調性や積極性を育む機会を設けることをおすすめいたします。

【おすすめ問題集】
口頭試問最強マニュアル　ペーパーレス編、Ｊｒ・ウォッチャー29「行動観察」

◎学習効果を上げるため、前掲の「家庭学習ガイド」及び「合格のためのアドバイス」をお読みになり、各校が実施する入試の出題傾向を、良く把握した上で問題に取り組んでください。
※冒頭の「本書ご使用方法」「ご使用にあたっての注意点」も併せてご覧ください。

2022年度以前の問題

問題16　分野：常識

〈準 備〉　鉛筆

〈問 題〉　それぞれの段で、ほかの仲間と違うものに丸をつけてください。

〈時 間〉　20秒

〈解 答〉　①右端（ネズミ）　②右から２番目（ケン玉）　③左端（ウサギ）
④真ん中（サクランボ）

［2022年度出題］

学習のポイント

絵を見て、出題意図を把握できるかどうかが最初のポイントです。仲間はずれの問題には、異なる季節のものを選ぶ問題や、用途の違うものを選ぶ問題など、さまざまなバリエーションがありますが、５つのものがまったく異なるジャンルに属することから、言葉の音（おん）の問題であることがわかります。それぞれの絵を見ていくと、共通する音が含まれているものが４つ、含まれていないものが１つあることに気がつくでしょう。言語の問題は、日ごろのコミュニケーションの多さや読み聞かせの量によって、得られる語彙量が解答時間に直結します。また、親子でしりとりをしてみたり、同頭音・同尾音の言葉を言い合うなど、日常の言葉遊びを工夫することで、言葉の音への興味を育むことができます。

【おすすめ問題集】
Ｊｒ・ウォッチャー18「いろいろな言葉」、60「言葉の音（おん）」

家庭学習のコツ①　「先輩ママのアドバイス」を読みましょう！

本書冒頭の「先輩ママのアドバイス」には、実際に試験を経験された方の貴重なお話が掲載されています。対策学習への取り組み方だけでなく、試験場の雰囲気や会場での過ごし方、お子さまの健康管理、家庭学習の方法など、さまざまなことがらについてのアドバイスもあります。先輩ママの体験談、アドバイスに学び、ステップアップを図りましょう！

問題17　分野：回転図形（巧緻性）

〈準備〉　鉛筆
※上の段の見本を左から青、赤、青の色のペンでわかるようになぞっておく。

〈問題〉　上の見本が青い時は、見本と同じように下に描いてください。赤いときは上下逆にした時の絵を下に描いてください。

〈時間〉　２分

〈解答〉　下図参照

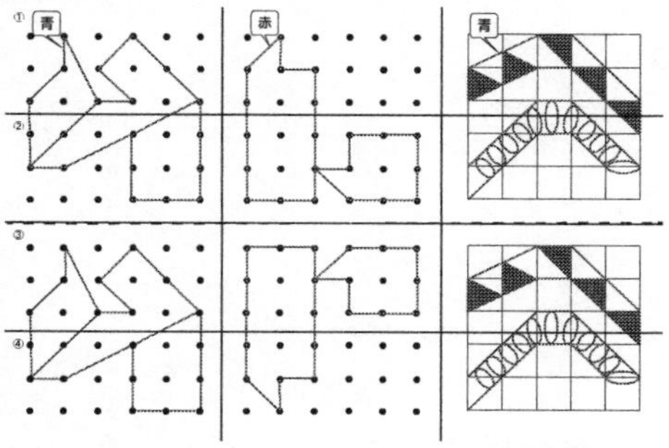

［2022年度出題］

学習のポイント

ものが回転したときの特徴を理解させてください。図形を用いるほかにも、たとえば手のひらを上にした時と、裏返しにした時とを比べてみる、といったことからも、観察力を向上させることができます。手を裏返しにしたとき、小指や親指の位置はどのように変わっているでしょう。はじめは身近なことから得られる発見から興味を抱かせることもできます。また、鏡図形についても、実際に鏡の前にお子さまが立ってみたり、書いたものを映してみたりして、変化を気づかせることで理解度がアップします。また、筆記具の持ち方にも注視してください。進む点や線が隠れてしまうようであれば、ミスも出やすく完成に時間がかかります。点線の少ない基本から徐々に複雑なものへと、練習を要する問題です。始点を決めることが、目移りせず進めていくカギとなるでしょう。当校では模写や回転模写は毎年のように出題されています。

【おすすめ問題集】
Ｊｒ・ウォッチャー46「回転図形」、51「運筆①」、52「運筆②」

問題18　分野：言語（音あわせ）

〈準備〉　鉛筆

〈問題〉　（問題18－１と問題18－２の絵を渡す）
上の４つの絵の下に○が描いてあります。大きな○の音を合わせてできる言葉の絵を、下から探して○をつけてください。

〈時間〉　各30秒

〈解答〉　①右端（おやすみ）　②左から２番目（つなひき）

［2022年度出題］

学習のポイント

描かれているものの名前がわかれば、あとは〇にあたる音を組み合わせていくだけです。大きな〇が４つあるということは、これが４音からなる言葉だということになります。言語の問題は、語彙数が解答のひらめきやスピードにかかわってきます。また、言葉の音の数を把握するには、手をたたきながら「ス・ス・キ」と音数に区切って発音することが効果的です。親子での遊びや、絵本や図鑑を利用することからも、さまざまな言葉を知ることができます。お子さまの好奇心を刺激できるよう工夫してください。

【おすすめ問題集】
Ｊｒ・ウォッチャー18「いろいろな言葉」

問題19　分野：お話の記憶

〈準備〉　鉛筆

〈問題〉　クマさんは、お友だちを誘って公園で凧揚げをしようと、チューリップが描いてある凧を持って出かけました。はじめにイヌさんを誘いました。イヌさんの凧には、ツクシの絵が描いてありました。次にライオンさんに声をかけました。ライオンさんは、凧揚げに行こうとしていたので大喜びです。ライオンさんはユリの花の絵が描いてある凧を持って出てきました。途中で、お父さんに頼まれた年賀状をポストに入れました。ポストの前の魚屋さんに、大きな鯛やおいしそうな貝が並んでいました。リスさんのおうちに行ったら、リスさんのお母さんが「公園で凧揚げしているよ」と教えてくれました。公園に着くと、リスさんは、ブランコの近くでヒマワリの絵が描いてある凧を揚げていました。ほかのお友だちは出かけていて留守なので、一緒に行くことはできませんでした。

（問題19の絵を渡す）
①クマさんが公園まで行った時に通った道に、線を引いてください。同じ道を通ってはいけません。
②公園で凧揚げをしていたお友だちの凧の絵を〇のところに、年賀状をポストに入れたお友だちの凧の絵を△のところに、はじめに誘ったお友だちの凧の絵を●のところに、２番目に誘ったお友だちの凧の絵を▲のところにそれぞれ描いてください。

〈時間〉　①30秒　②５分

〈解答〉　下図参照

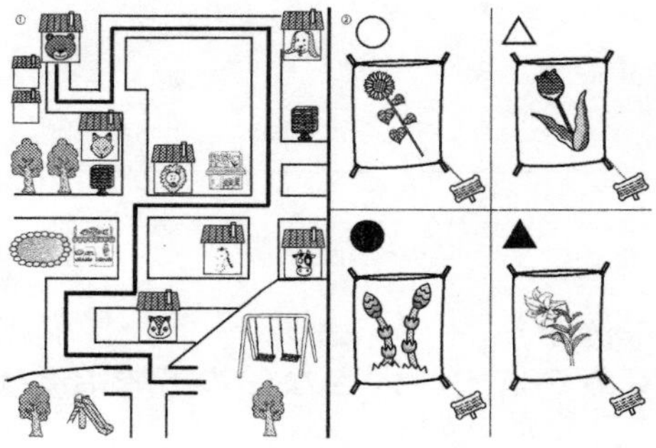

［2022年度出題］

学習のポイント

この問題では、クマさんの通った順路と、お友だちを誘った順番とを、頭の中で整理して考えなければなりません。また、お話を聞いてからペーパーの絵を見るよう指示されていますので、あらかじめ問題を予想して聞くこともできません。いかにお話を集中して聞くことができるかどうかが、解答のカギとなります。また「凧」と、途中の魚屋さんに並ぶ「鯛」や「貝」の言葉も、混乱を生む可能性があります。同音異義語についても、ふだんから注意しておくとよいでしょう。このようなお話の記憶の問題は、漠然とお話を聞いているだけでは解答できません。日ごろの読み聞かせの様子から、お子さまの理解度を観察してください。

【おすすめ問題集】
Ｊｒ・ウォッチャー19「お話の記憶」、20「見る記憶・聴く記憶」

問題20　分野：図形（四方からの観察）

〈準備〉　鉛筆

〈問題〉　上の積み木から、色のついた積み木を取りました。○・△・□・×、それぞれ４つの方向から見た時、どのように見えるでしょうか。下の絵から探して同じ印を描いてください。

〈時間〉　１分

〈解答〉　○：①　□：③　×：②　△：⑦

［2022年度出題］

学習のポイント

この問題の趣旨を理解していますか。このような問題では、実際に積み木を使って問題への理解をはかり、解答まで導いていきましょう。積み木を使って、色のついた積み木を取らない形をつくることからはじめてください。それから、色のついた積み木を取り除くとどうなるのかがわからなければ、この問題を解くことができません。理解学習として、最初の形をつくった後に、どの積み木を取るよう指示されているのかを答えさせてから、実際に取らせてみましょう。机の上に実際に積み木を積んで、操作を行った後、自分が４方向にまわり、左右が反転するなど、場所により見え方が違うことを、実際に確認するようにしてください。

【おすすめ問題集】
Ｊｒ・ウォッチャー10「四方からの観察」

問題21　分野：常識

〈準備〉　４色の色鉛筆、鉛筆

〈問題〉　①上の段の絵を、季節ごとに分けてください。色鉛筆を使って各季節ごとに、別の色で絵のふちをなぞってください。
②真ん中の絵を見てください。木にできるものに鉛筆で○をつけてください。土の中にできるものに鉛筆で△をつけてください。土の上で蔓になってできるものに鉛筆で×をつけてください。
③下の段を見てください。この中で入道雲はどれでしょう。鉛筆で○をつけてください。

〈時間〉　適宜

〈解答〉　①春：タケノコ・サクラ　夏：カブトムシ・スイカ　秋：カキ・ナシ
冬：雪だるま・ミカン
②○：リンゴ・バナナ　△：ジャガイモ・ゴボウ　×：キュウリ・ゴーヤ
③右から２番目

［2022年度出題］

学習のポイント

この問題の主旨は、体験に基づく知識の習得が目標です。２番目の問題に出てくるようなものは、店頭では目にできても、実際に栽培しているものを目にすることはほぼ無理です。図鑑などを利用して、知識をつけていくのが最適でしょう。ハウス物が出回り本来の季節の判別ができにくくなっています。栽培方法に水栽培、プランターや植木鉢などを利用したものもあります。機会があればイチゴなどを育ててみるのも、関心を育む方法の１つです。また、雲の種類はいろいろあるので、図鑑で確認した後、外に出た時に雲を見るようにするなど、学習機会を逃さないよう注意しましょう。

【おすすめ問題集】
Ｊｒ・ウォッチャー27「理科」、55「理科②」、34「季節」

問題22　分野：常識

〈準備〉　鉛筆

〈問題〉　絵を見てください。関係のあるもの同士を線で結んでください。

〈時間〉　30秒

〈解答〉　下図参照

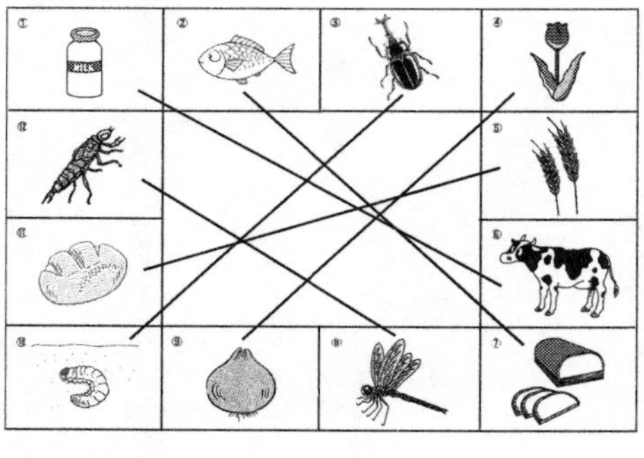

［2022年度出題］

学習のポイント

当校では、過去にも同趣旨の問題が出ています。この程度は、知識として知っておいてほしい基本問題です。また、絵をなぞる運筆も採点要素ですから、普段から筆記用具の持ち方や使い方を練習しておきましょう。なぞっている個々のものに気をとられすぎて複数の線が混交して判別しにくくなることも避けなければなりません。運筆や工作・巧緻性などは、時間をかけなければ身につきませんから、早い段階からさまざまな筆記具を用いて、上下左右からの直線、斜線、曲線などの練習をしておきましょう。

【おすすめ問題集】
Ｊｒ・ウォッチャー27「理科」、55「理科②」、51「運筆」、52「運筆②」

問題23　分野：数量（数の構成）

〈準　備〉　クーピーペン(赤)

〈問　題〉　それぞれ積んである積み木は、いくつありますか。その数だけ下の□に○で書いてください。

〈時　間〉　30秒

〈解　答〉　①：6　②：6　③：8　④：18　⑤：11　⑥：7　⑦：14　⑧：9

[2022年度出題]

学習のポイント

積み木の数を数える際、積み木に隠れて見えなくない積み木を数え忘れていないかどうか注意してください。これは、ペーパーのみで理解することは難しいので、具体物を使って積みながら理解していきましょう。その上で、どのような順番で積み木が積み上がっているのか、またどの積み木がなければ全体が成り立たないのかを考えていくと、苦手意識をなくすことができます。積み木の問題だけでなく、図形や数の問題は、答え合わせの際に具体物を使いながら題意や解答の見直しを行っていくことが理解のコツです。

【おすすめ問題集】
Ｊｒ・ウォッチャー14「数える」、16「積み木」

問題24　分野：数量（重さの比較）

〈準備〉　鉛筆

〈問題〉　①下のシーソーがつりあうには、点線の四角の中にどの形をのせればよいでしょうか。その形を1つだけ描いてください。
②下のシーソーがつりあうには、ミカンをいくつのせればよいでしょうか。その数だけ点線の四角の中に○を描いてください。
③点線の四角のあるシーソーがつりあうにはカキをいくつのせればよいでしょうか。その数だけ破線の四角の中に○を描いてください。
④右下のシーソーがつりあうには、リンゴとカキをいくつずつのせればよいでしょうか。それぞれの点線の四角の中に、リンゴの数だけ○を、カキの数だけ△を描いてください。

〈時間〉　２分

〈解答〉　①：●　②：○４つ　③：○１つ　④上：○２つ、△２つ　下：△１つ

［2022年度出題］

学習のポイント

②の問題で注意することは、半分にしたリンゴを１つのものとして考えることです。「リンゴが半分」として考えることはお子さまには難しいので、１つの単位として考えさせてください。指導方法としては、おはじきなどの具体物を使って「リンゴ半分はおはじき１つ分、リンゴ１個はおはじき２つ分、ミカンはリンゴ半分と同じ１つ分」というように、絵の上におはじきを置きながら考えると効果的です。つり合いの問題は、基準となるもの（１番軽いものにすると考えやすい）を１つ決めて、他のものを置き換えて考えます。左右にあるものが同じ数になるとつり合う、ということを考えながら学習を進めます。順序を追って同じ重さのものを探してみましょう。

【おすすめ問題集】
Ｊｒ・ウォッチャー15「比較」、58「比較②」、33「シーソー」

家庭学習のコツ②　「家庭学習ガイド」はママの味方！

問題演習を始める前に、試験の概要をまとめた「家庭学習ガイド（本書カラーページに掲載）」を読みましょう。「家庭学習ガイド」には、応募者数や試験課目の詳細のほか、学習を進める上で重要な情報が掲載されています。それらの情報で入試の傾向をつかみ、学習の方針を立ててから、対策学習を始めてください。

問題25　分野：数量（加減算）

〈準備〉　鉛筆

〈問題〉　①イヌさんとクマさんがサイコロを振って、出た目の数だけ下のマスを進みます。×の出たところはその数だけ戻ります。左上に、5回振って出た目の数が描いてあります。イヌさんの進んだところへ○を、クマさんが進んだところへ△を描いてください。
②お互いに相手のところには、後いくつ進むと行けるでしょうか。その数を、先ほど出したときのサイコロの絵で右上のところに描いてください。

〈時間〉　1分

〈解答〉　下図参照（イヌのサイコロの目は左右逆でも可）

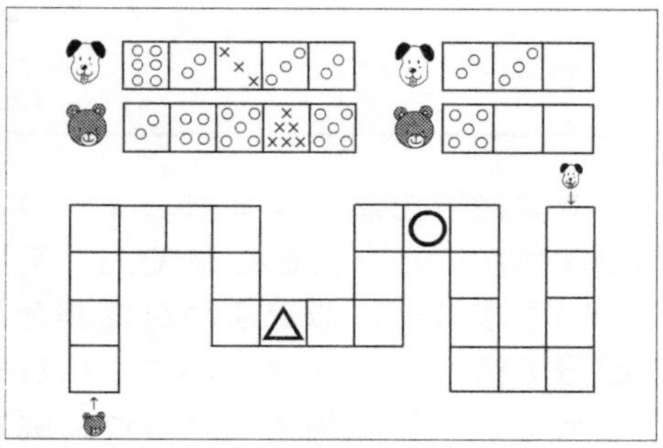

［2022年度出題］

学習のポイント

①は、すごろくと同じ要領でマスを進めます。「すすむ」「もどる」さえ間違えなければ簡単に解けるでしょう。②は、じゃんけんゲームと同じような問題ですが、それぞれ相手方に行くまでの書き表し方が理解しにくい問題です。お互い5マス分進めばよいわけです。それには自分たちが出したときのサイコロで5になるサイコロを見つけます。イヌは2回目に出た2の目と4回目に出た3の目のサイコロを書きます。あわせると5になります。クマは3回目に出た5を書きます。お子さまにはなかなかわかりづらい解答方法でしょう。このような問題にも対応できるよう、すでに解ける問題の出題方法をアレンジするなどして、題意の把握をはかりましょう。

【おすすめ問題集】
Ｊｒ・ウォッチャー14「数える」、38「たし算・ひき算1」、
39「たし算・ひき算2」

問題26　分野：数量（加減算）

〈準備〉　鉛筆

〈問題〉　４匹の動物が○と△をそれぞれ持っています。右手に持っている△の半分を右側の動物に渡します。左手の○の半分を左側の動物に渡します。渡し終わったとき、それぞれの動物は○と△をいくつ持っているでしょうか。その数だけ、それぞれの〔〕の中に同じ形で書いてください。

〈時間〉　２分

〈解答〉　クマ：△５・○７　ヒツジ：△３・○５　ウサギ：△５・○７
ゾウ：△７・○９

[2022年度出題]

学習のポイント

数のやりとりの問題です。問題を聞いただけでは複雑に思えますが、１つひとつのプロセスを落ち着いて考えればさほど難しくはありません。ふだんの生活でも「アメを１個あげるから、チョコレートを半分ちょうだい」というように、似たような経験をしているのではないでしょうか。半分を相手に渡すと、自分の持っている数がいくつになるのかを把握できるようにするのがポイントです。次に、最初に渡した相手ではなく、ほかの動物からも半分もらいます。渡すものに印をつけておけば、混乱することは避けられるでしょう。計算力や理解力のほか、集中力も問われる問題ですが、おはじきなどの具体物に置き換えて、実際のやりとりをなぞってみるとよいでしょう。

【おすすめ問題集】
Ｊｒ・ウォッチャー40「数を分ける」、43「数のやりとり」

問題27　分野：図形（構成）

〈準備〉　鉛筆（あらかじめ色のついた部分を赤色で塗っておく）

〈問題〉　左側の積み木から赤色の積み木を取った時の積み木の数は、右側のどの組み合わせと同じでしょうか。当てはまるものすべてに○をつけてください。

〈時間〉　２分

〈解答〉　①左から２番目、右から２番目　②右端　③右から２番目、左端

[2022年度出題]

学習のポイント

具体物を用いて指導してください。まず色のついた積み木を取らないときの形を積んで、数をかぞえます。次に色のついた部分を取り除きます。次に右側に組み合わせてある積み木２つを作り操作してみます。そして、色のついた部分を取り除いたとき、残りの積み木はいくつあるか数えてみます。その上で、右側の積み木で同じ数のものを作ります。または、右側の積み木を数えます。これは時間の無駄をなくすためです。具体物を用いて、１つひとつの立体の色のついた積み木の数を考える練習をしっかりすれば、ペーパー上でイメージできるようになるはずです。

【おすすめ問題集】
Ｊｒ・ウォッチャー16「積み木」、44「見えない数」

問題28　分野：巧緻性（箸使い）

〈準備〉　皿３枚（絵を切って並べた３枚の皿のところに置く）、豆（30粒程度）を皿に入れておく

〈問題〉　男子：今から動物の泣き声を出しますので、「止め」といわれるまで、箸を使ってその動物の皿に移してください。
（動物の鳴き声をまねる。イヌ→ニワトリ→ヒツジの順で各１分間）

女子：今から太鼓をたたきます。その音の数だけ、動物の皿に箸を使って豆を移してください。（イヌ→ニワトリ→ヒツジの順で各１分間）

〈時間〉　３分

〈解答〉　省略

［2022年度出題］

学習のポイント

箸を使って「豆移し」を行う問題です。男子は速さと正確さが求められる問題、女子は数と指示を意識した問題となっています。どちらも練習しておきましょう。箸の使い方は、器用さだけでなく、日常生活で正しい持ち方や使い方ができるかどうかも観られる問題です。ふだんの食事での躾はもちろんのこと、どのような場所でもしっかりと用いられるよう、いろいろな種類を用意して練習してください。また、豆だけでなく複雑な形のものやサイズが大きいものでも練習しましょう。

【おすすめ問題集】
Ｊｒ・ウォッチャー12「日常生活」、25「生活巧緻性」

問題29　分野：面接（保護者面接・志願者面接）

〈準備〉　なし

〈問題〉　この問題の絵はありません。

【男子】

保護者はタブレットを渡され、赤と青のコップの並べ替えの動画を見る。子どもは離れたところで質問を受ける。動画を見終わると合流する。

○保護者：今見たことを子どもに説明して、実際に行う。お子さまに教えてみてどうだったか。

○受験者：名前、好きな食べ物、友達の名前、好きな遊び、試験が終わったらやりたいこと、家に帰ったとき1番はじめにやること、晩ご飯で食べたいもの（次々に質問が続く）

【女子】

保護者はタブレットを渡され、３色のコップを使った、並べ方の動画を見る。受験者は離れたところで質問を受ける。動画を見終わると合流し、動画の内容を説明して親子でどちらかが勝つまで行う。

○受験者：名前、両親にほめられたことについて、両親以外に褒められたことあなたの宝物、今、３つ買ってもらえるのなら何が欲しいか（次々に質問が続く）

〈時間〉　適宜

〈解答〉　省略

[2022年度出題]

学習のポイント

保護者の方がタブレットの動画を観て、それをお子さまに説明して行ってみせる、というユニークな設問です。日常での意思疎通やお子さまへの接し方を観察することが目的であると考えられます。説明の巧拙より、うまく説明できなくてもイライラせず、根気強く教えられるかどうかがポイントでしょう。お子さまには、次々に出される質問に、端的に回答していくことが求められます。アンケートには、読み上げられた質問に１つずつ記入していく男女共通のものの後に、問題文に記載した男女別のアンケート記入がありました。

【おすすめ問題集】

面接テスト問題集、新・保護者のための面接最強マニュアル、
小学校受験の入試面接Q＆A、新 小学校受験 願書・アンケート・作文文例集500

問題30　分野：保護者アンケート

〈準備〉　なし

〈問題〉　**この問題の絵はありません。**

【男子の保護者へ】
・どんな学校生活を送ってほしいですか。保護者の小学生の時の体験を書いた上で、記入してください。
・子どもが友だちに押され、あざを作ってきました。保護者はその友だちをよく知っています。どのように対応しますか。

【女子の保護者へ】
・お子さまが１番根気強く頑張ってきたことは何ですか。
・子どもが登校を拒否、理由を聞いても話しません。そのような時、どのように対応しますか。

〈時間〉　適宜

〈解答〉　省略

［2022年度出題］

学習のポイント

男子女子、いずれの保護者にも、最初の質問ではお子さまへの関心を、次の質問では、トラブルへの対応の仕方を問われています。後者は特に重要です。男子側の質問を例に取ると、まず、保護者の方が前面に出てしまうことで、問題が大きくなることがあります。そうなることを学校側は一番嫌います。ですから「（相手がいる場合）相手のご家庭に連絡を・・・」という回答はよくありません。こうした問題の基本は、学校を交えて対応することです。学校側が保護者を含め対応した方がよいと判断すれば、呼び出しがありますので、それまでは保護者の表だった出番はないと考えましょう。こうしたトラブルを通して、相手を思う気持ちを考えること、寛容の精神を持つこと、悪いときは謝る勇気を持つことを保護者の方に期待しています。これらを保護者の方が率先してお子さまに見せていただきたいと思います。その一つとして、このような事があった場合、相手の存在の確認や怪我の有無などの心配りが、当校が求めている回答となります。

【おすすめ問題集】
新 小学校面接Ｑ＆Ａ、小学校受験 願書・アンケート・作文文例集500

問題31　分野：運動（縄跳び）

〈準 備〉　マット、縄跳び

〈問 題〉　この問題の絵はありません。

【男子・女子】
マットの上で前跳びをしてください。

【男子】
・体ジャンケンをします。先生と３回やってください。
グー：しゃがむ
チョキ：右手右足前、左手左足後ろ
パー：手足を広げる
・マットの上でうさぎ跳び、クマ歩きをしてください。

【女子】
・体ジャンケンをします。先生と３回やってください。
グー：しゃがむ
チョキ：右手右足前、左手左足後ろ
パー：手足を広げる
・片足を横にできるだけ上げて、バランスをとりましょう。

〈時 間〉　適宜

〈解 答〉　省略

［2022年度出題］

学習のポイント

６人１組で行われました。基礎的な運動能力や身体のバランス感覚があるかどうか、ということも採点対象の１つではありますが、指示を自分でしっかり聞き取り、周囲のお子さまの真似をせずに行動できるかどうかや、運動の最中の態度や集中力も観点になります。上手にできるかどうか、ということばかりに気をとられるようだと減点対象になりかねません。失敗を恐れず最後までがんばる姿勢や、周囲のお子さまに流されない自制心を持てるよう、ふだんのお子さまの行動を観察しながらアドバイスしてください。また、運動の前後に待っているときの姿勢や態度も観察と採点の対象になります。

【おすすめ問題集】
新 運動テスト問題集、Ｊｒ・ウォッチャー28「運動」

家庭学習のコツ③　効果的な学習方法～問題集を通読する

過去問題集を始めるにあたり、いきなり問題に取り組んではいませんか？　それでは本書を有効活用しているとは言えません。まず、保護者の方が、すべてを一通り読み、当校の傾向、ポイント、問題のアドバイスを頭に入れてください。そうすることにより、保護者の方の指導力がアップします。また、日常生活のさまざまなことから、保護者の方自身が「作問」することができるようになっていきます。

問題32　分野：行動観察

〈準 備〉　【男子】
段ボール（無色のもの、色のついているものの２種類）、人形
【女子】
テープ、段ボール、バケツ、雑巾、ごみ（紙を丸めたもの）

〈問 題〉　この問題の絵はありません。
【男子】
・３人２組に分かれ、指定された動物のまねをする。終わったら挨拶をして戻ります。戻ったら右隣りのお友だちにも挨拶をしましょう。
・チームで城を作ります。色のついているダンボールは２人か３人でないと運べません。ほかのダンボールは１人でも運べます。終わったら相談をして人形を選　び、城に置いてください。
・スモックを着てください。終わったら声をかけてください。検査を受けたら脱ぎ、たたんでください。終わったら椅子に座って待ちましょう。

【女子】
・私がじゃんけんの絵を出しますので、じゃんけんをしましょう。勝ったら前に進めますが、あいこのときは進めません。テープのところまでいきましょう。
・１人１つずつダンボールを運び、チームの絵が描いてあるところへ置き、つないでいきましょう。箱の上には置かないでください。終わったら次の人にタッチをしましょう。
・雑巾で机の上を拭いてください。終わったら雑巾を洗いましょう。（洗う真似をする）周りにごみがありますので、きれいにしてください。周りを見て綺麗になってないところがあったら整理整頓をしてください。

〈時 間〉　適宜

〈解 答〉　省略

［2022年度出題］

学習のポイント

協調性が問われるとともに、日頃の生活態度やしつけ、お子さまの性格も表れる課題です。グループのお友だちと相談しながら協力して行動できるかどうか、また自分だけでなくほかのお友だちのことも考えられるかどうかなど、入学後の言動が問われているものと考えられます。また、行動が終わってから、後片付けまでしっかりできるかどうかも重要なポイントです。本問では後片付けが指示として出されていますが、そうでない場合にも、しっかり後片付けができるかどうかは、どの学校でも重視されるポイントです。行動観察では、お子さまのすべての言動が観られていると考えておきましょう。付け焼き刃の試験対策でなく、日常生活のすみずみまで気を配れるよう、普段から指導することを心がけてください。

【おすすめ問題集】
Ｊｒ・ウォッチャー29「行動観察」

問題1－1

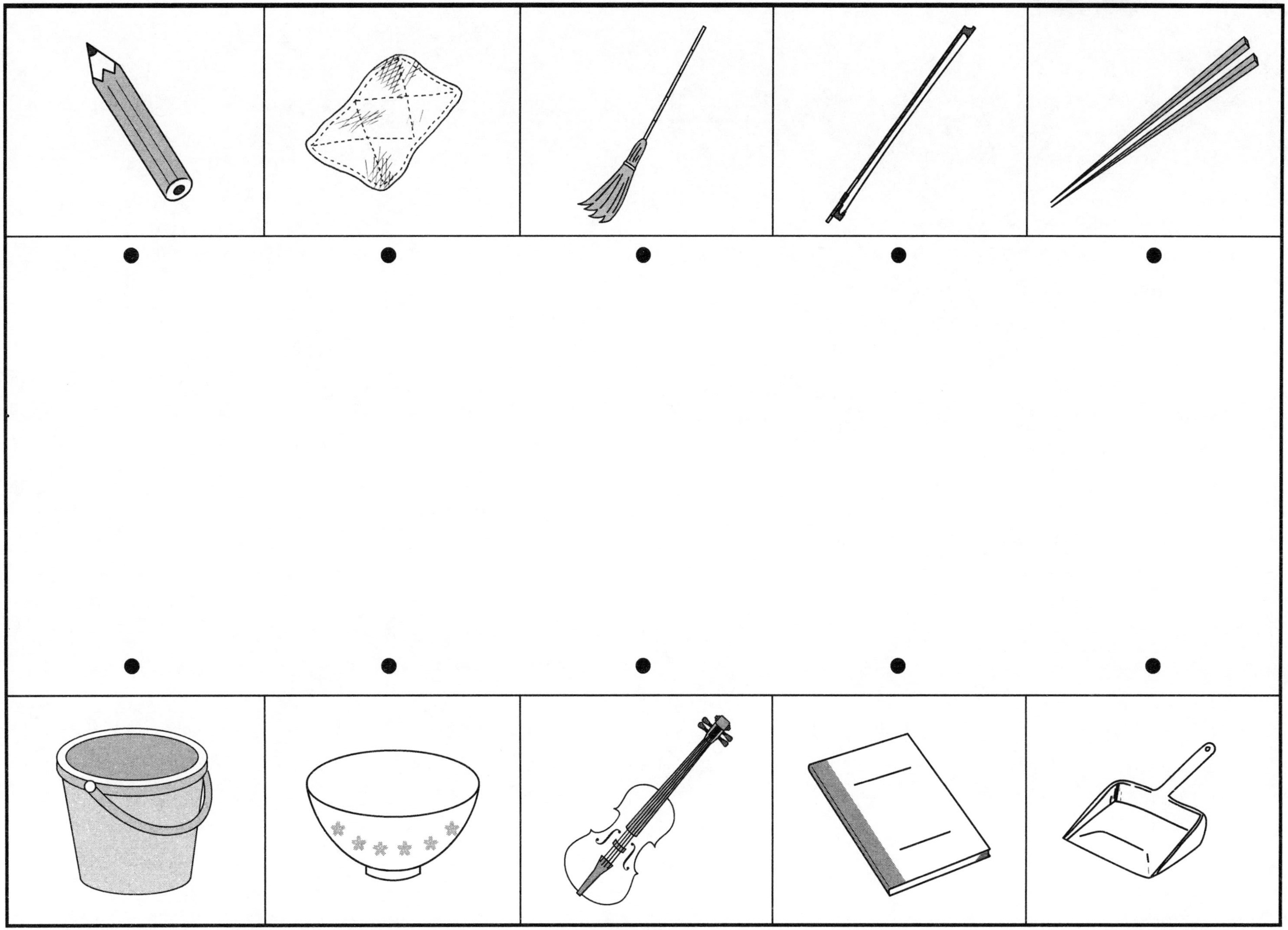

問題１－２

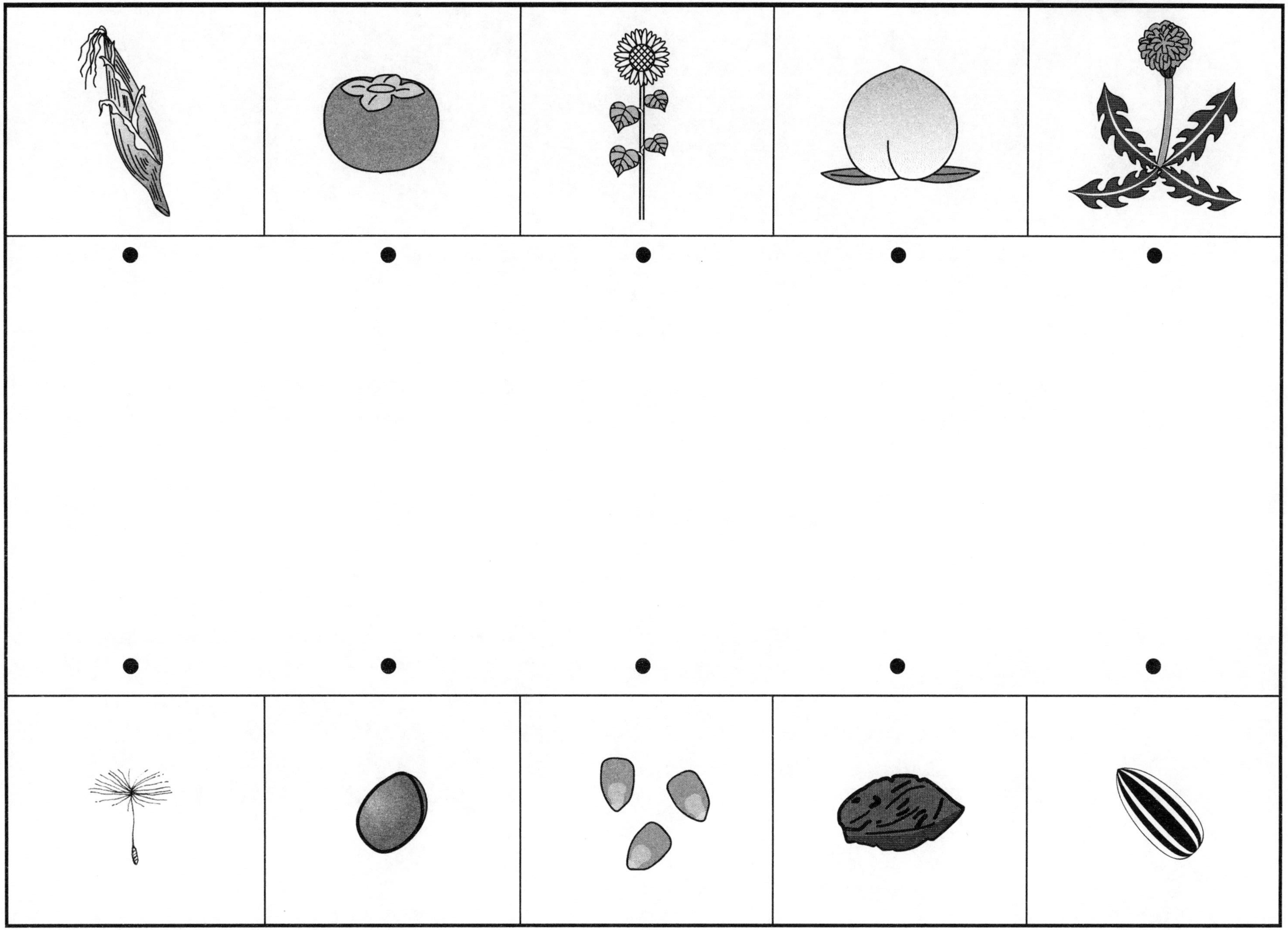

日本学習図書株式会社

問題 2

①

②

③

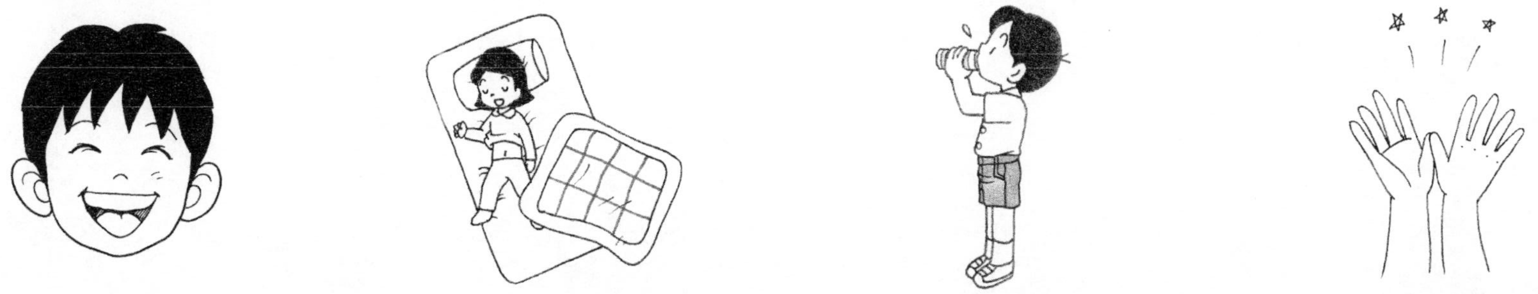

④

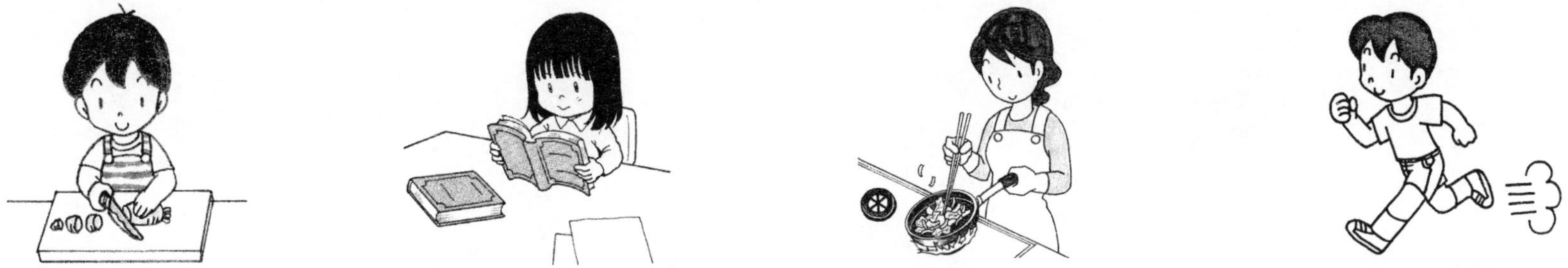

問題3－1

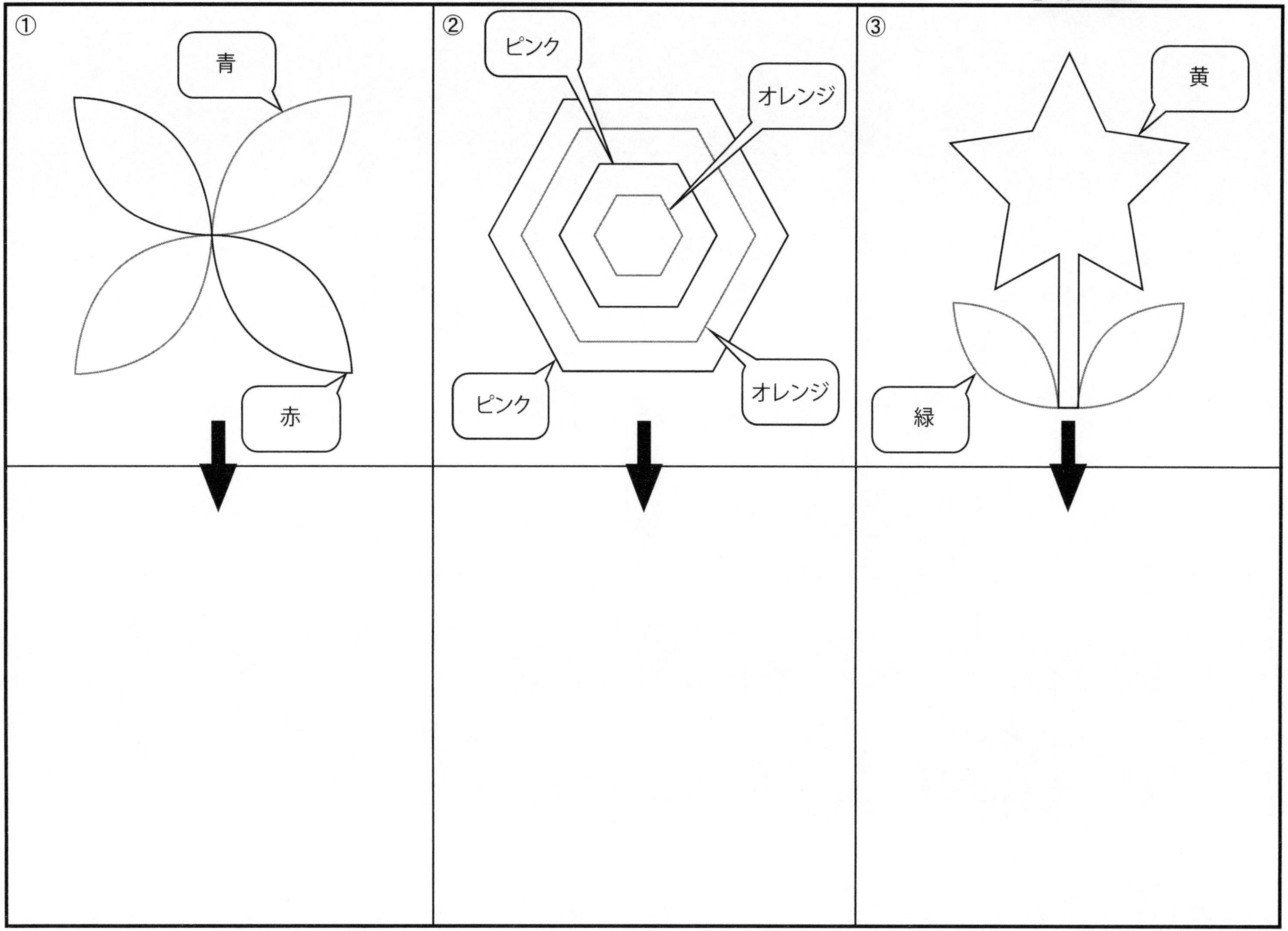

日本学習図書株式会社

問題３－２

④

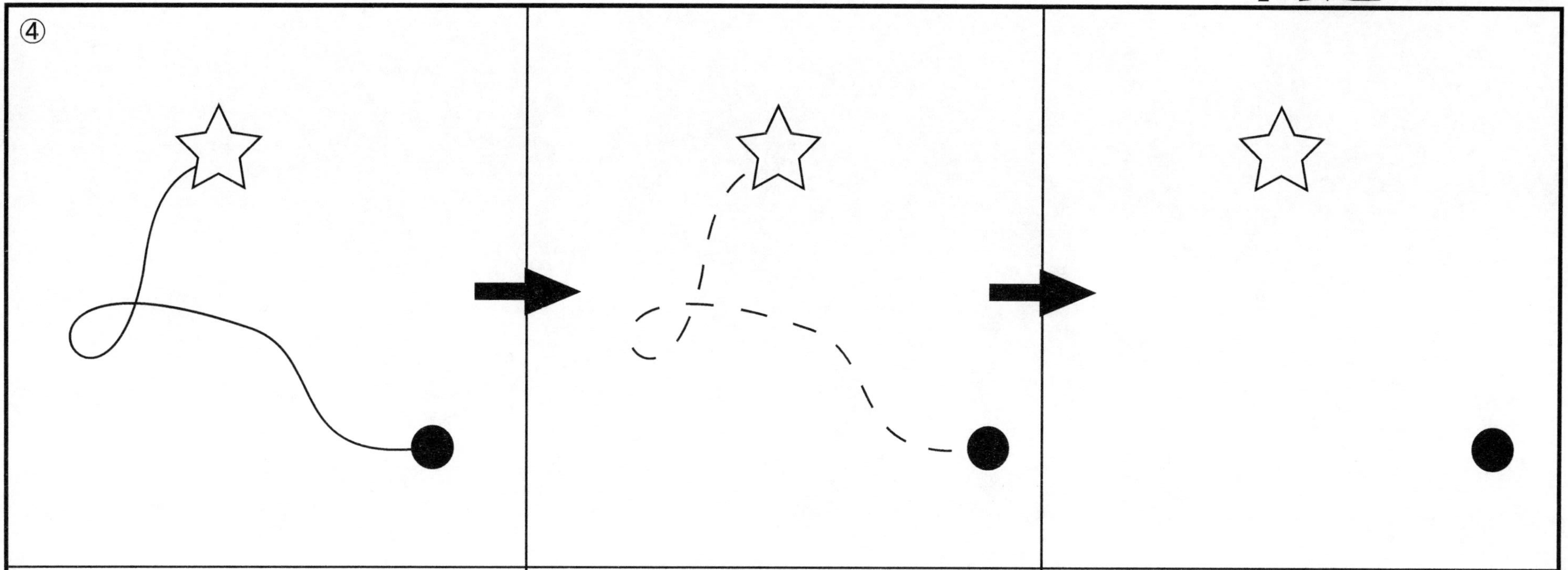

⑤

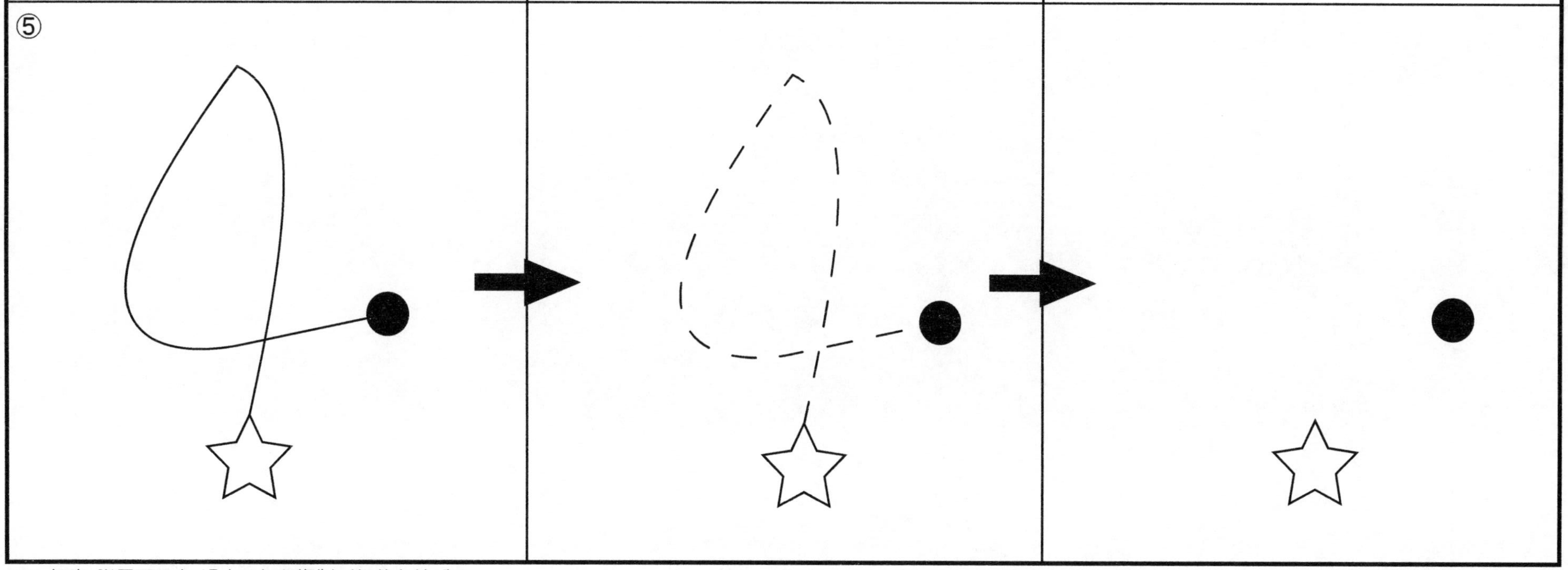

問題４－１

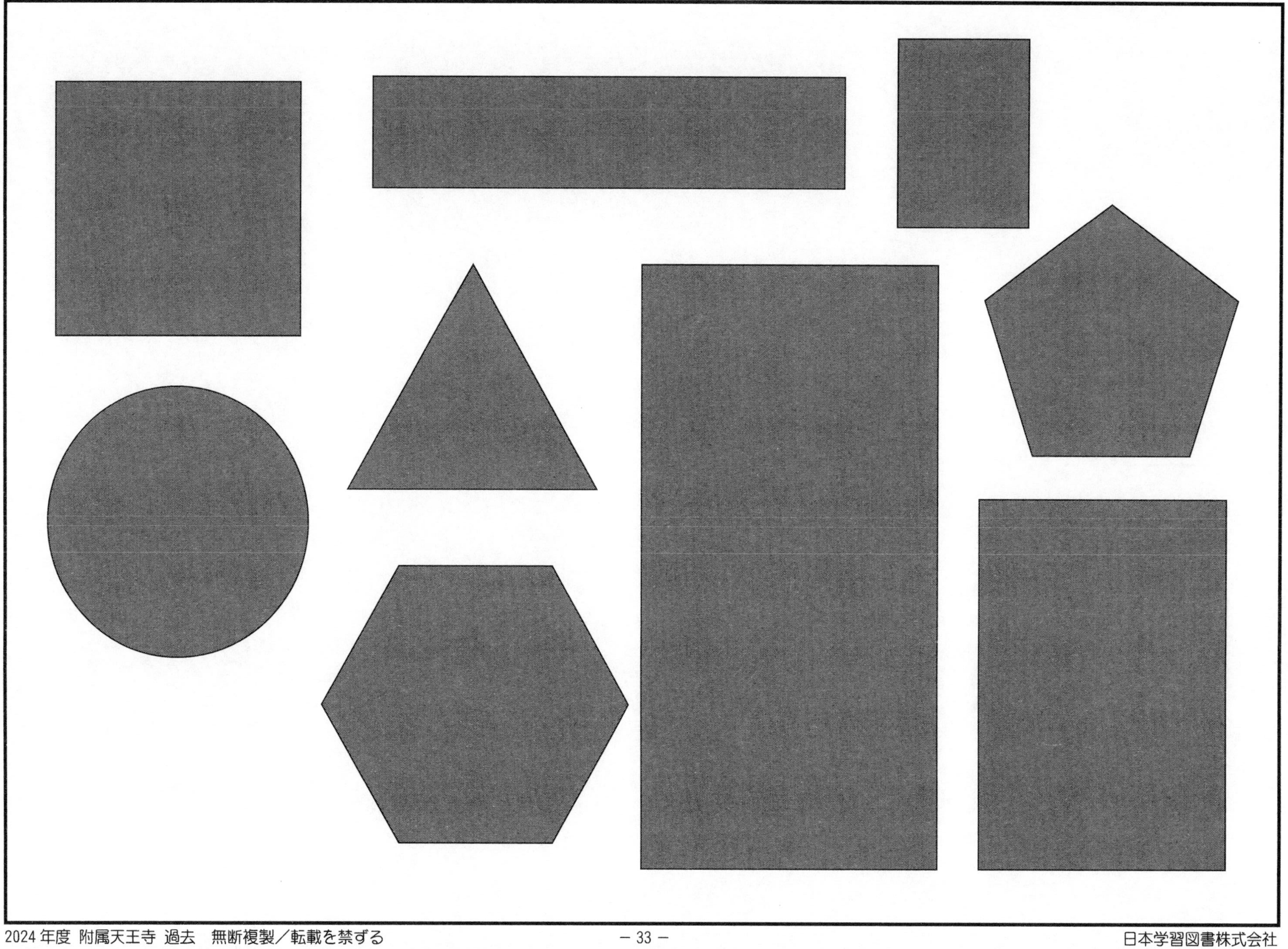

問題4－2

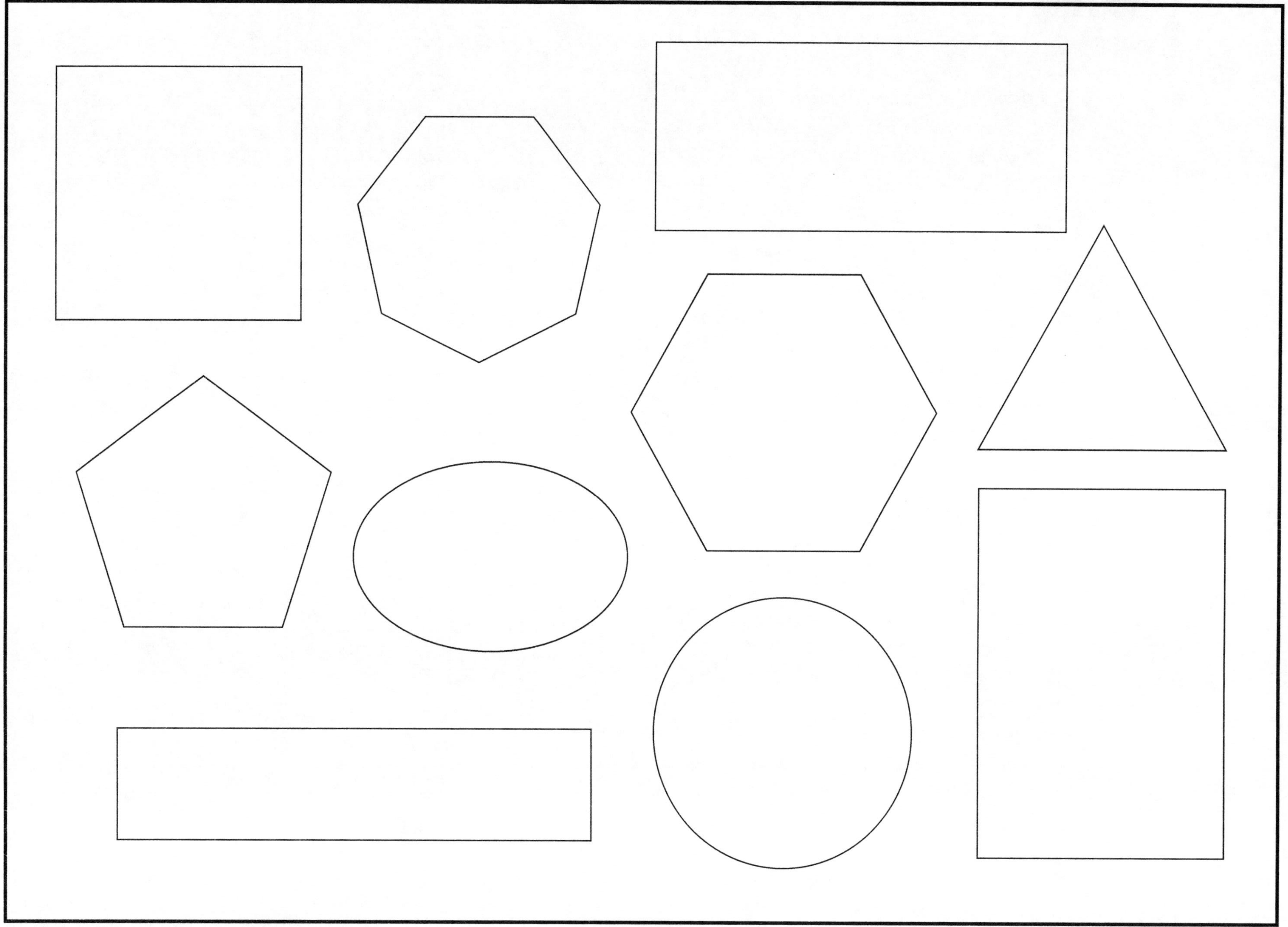

2024 年度 附属天王寺 過去　無断複製／転載を禁ずる　日本学習図書株式会社

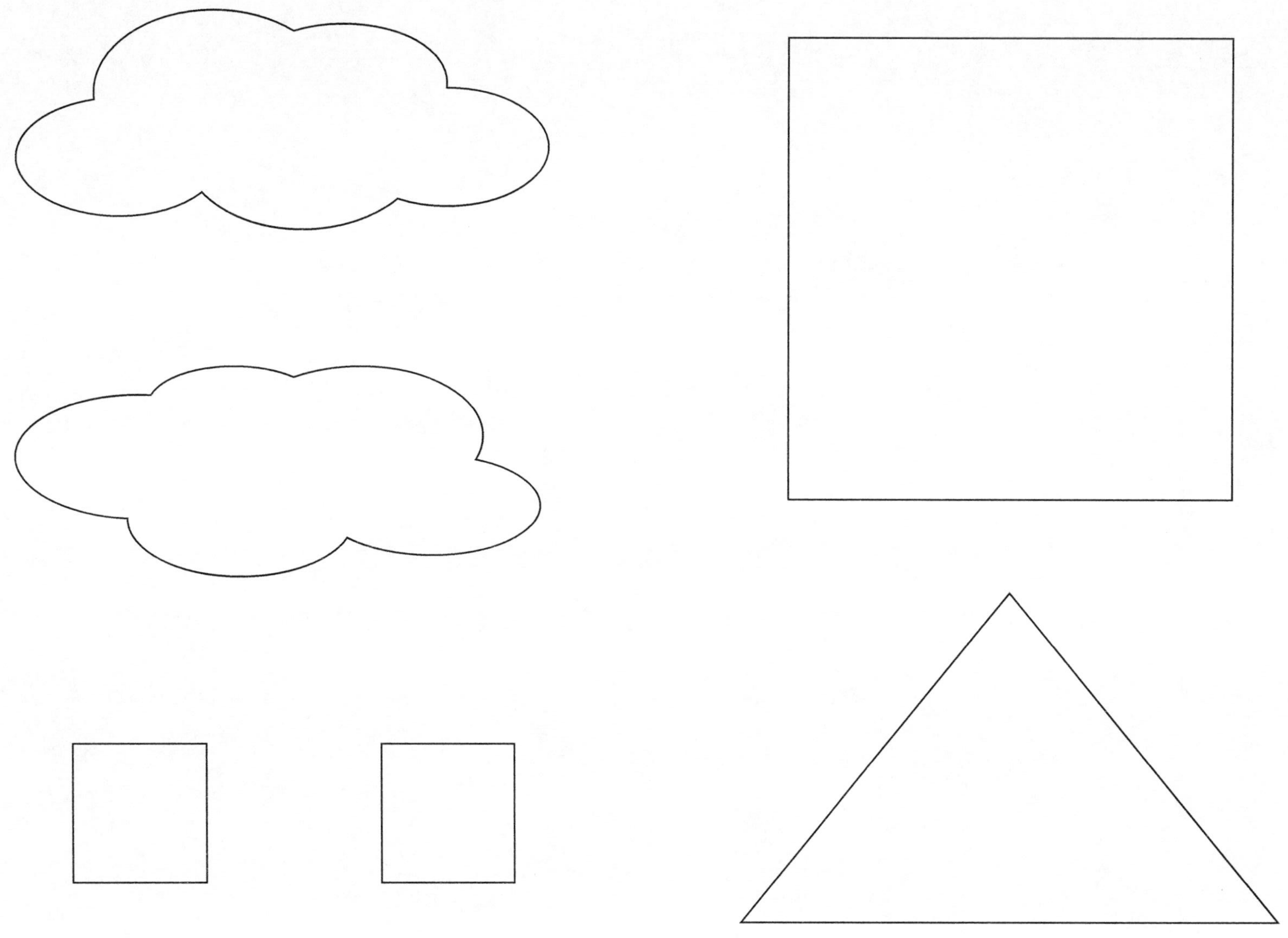

問題5－2

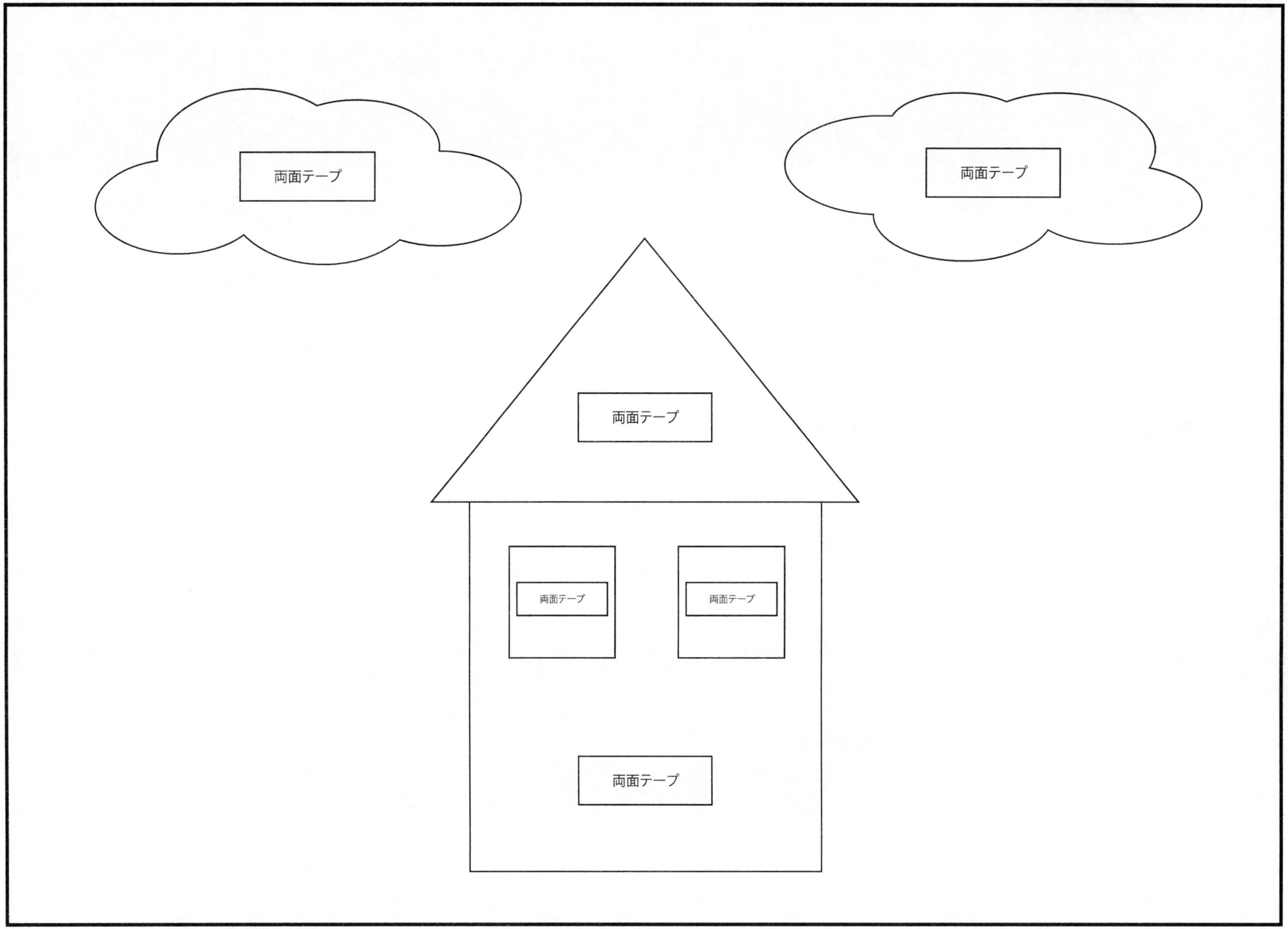

問題6

①

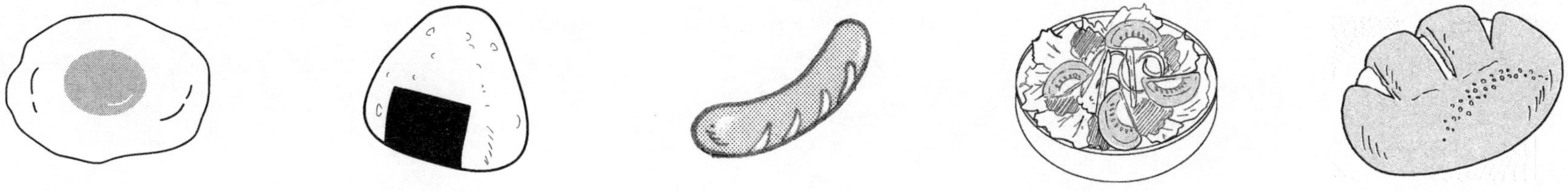

②

③

④

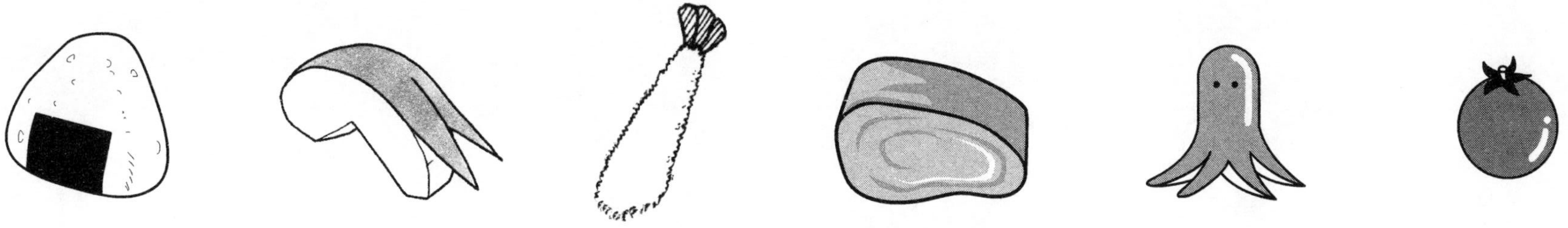

問題 7 − 1

①

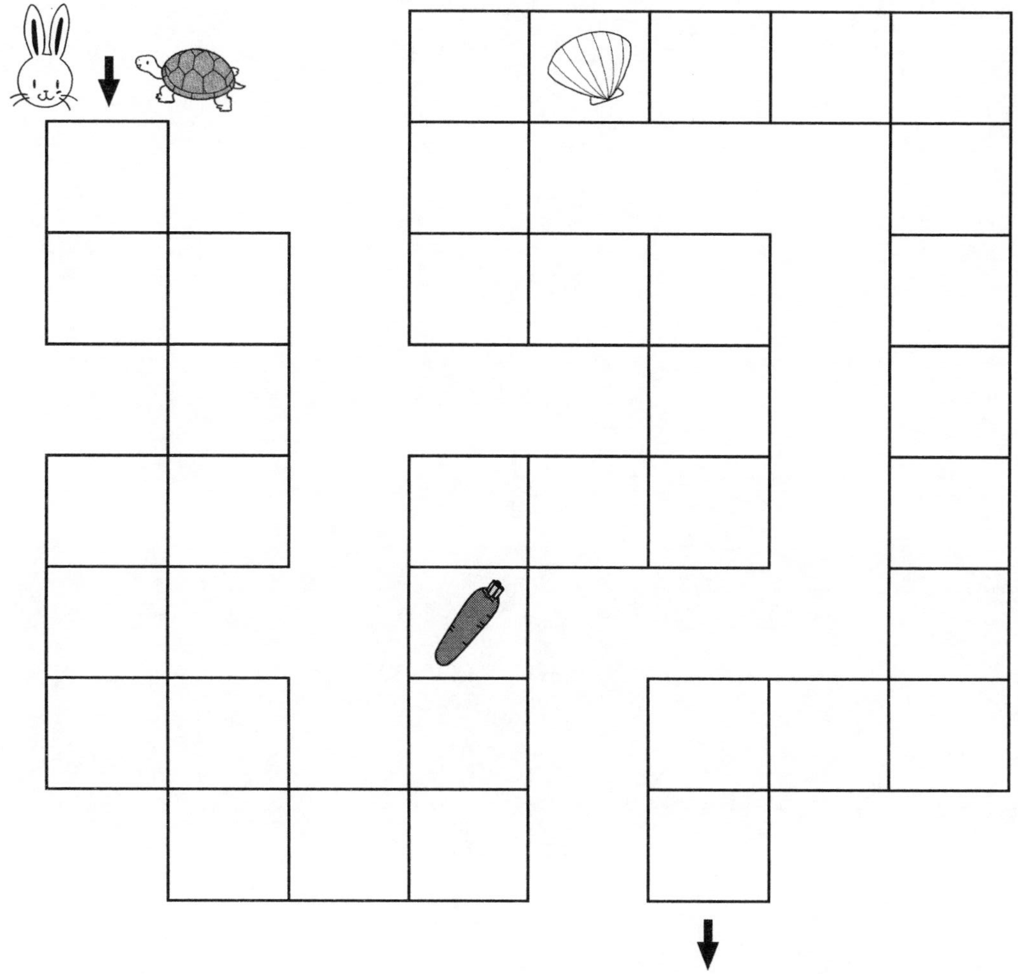

日本学習図書株式会社

問題７－２

②

③

問題8－1

2024 年度 附属天王寺 過去　無断複製／転載を禁ずる

日本学習図書株式会社

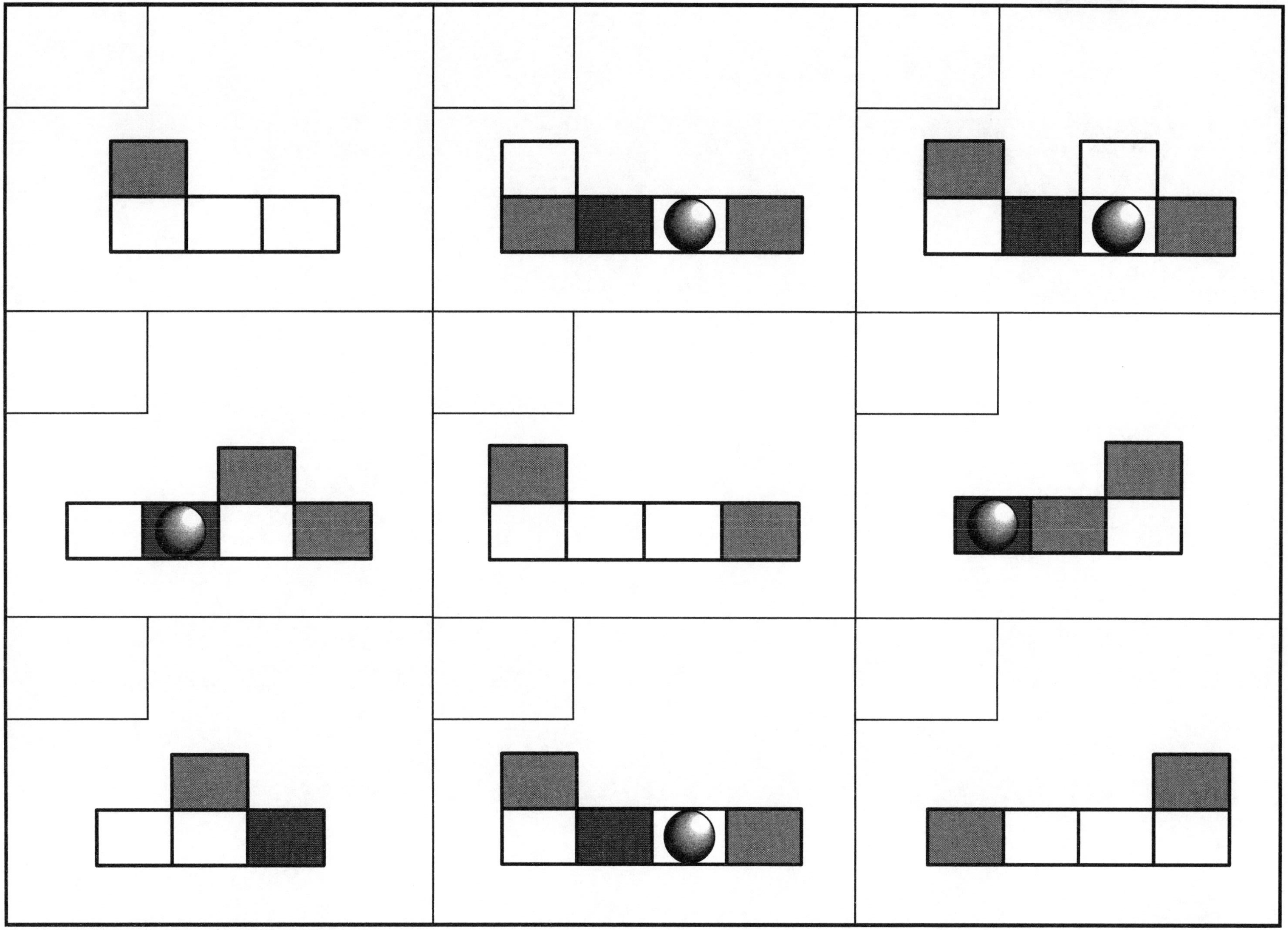

問題9

問題１１－１

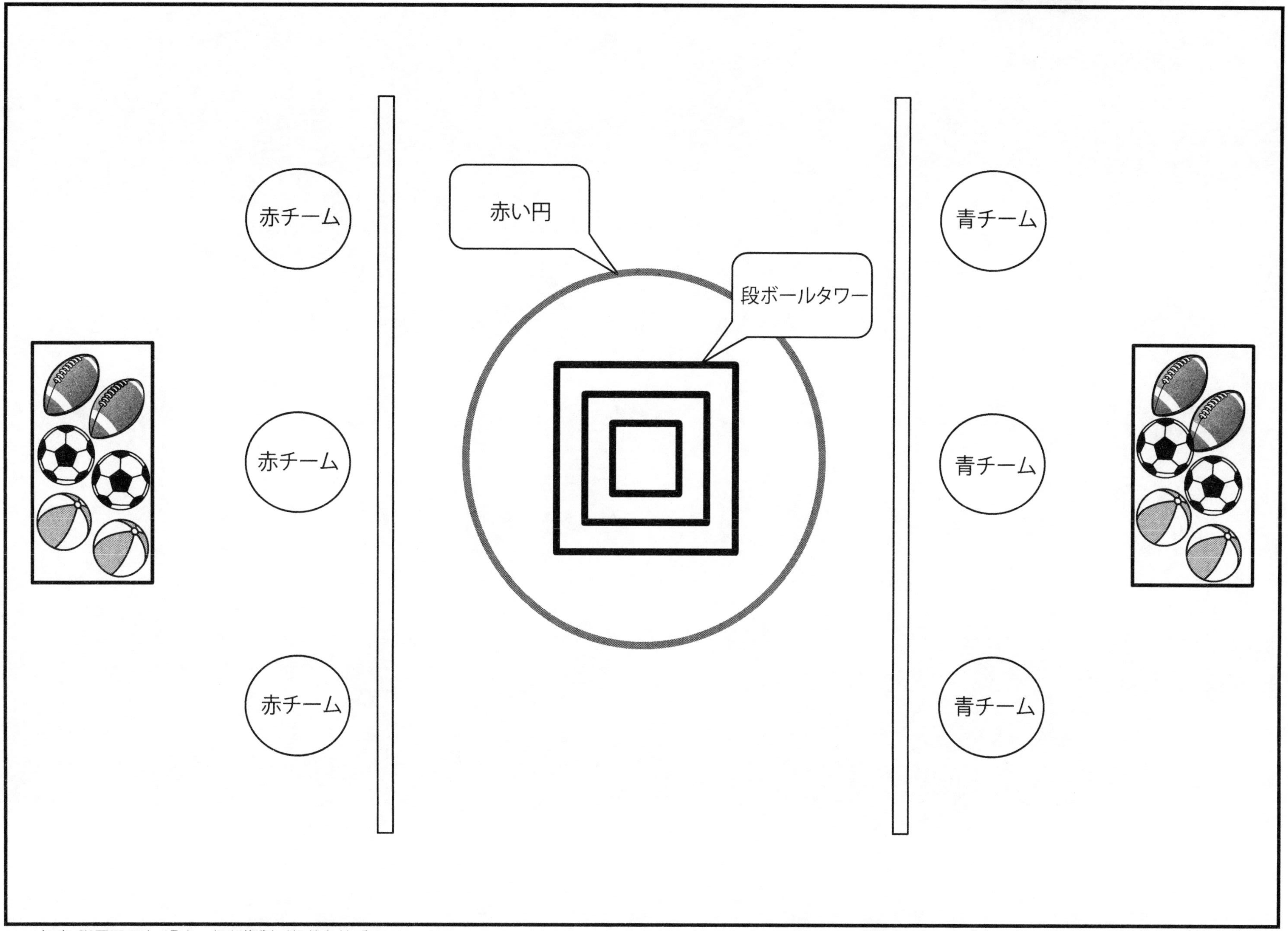

赤チーム
赤チーム
赤チーム
赤い円
段ボールタワー
青チーム
青チーム
青チーム

問題11－2

★ジェスチャー

グー

チョキ

パー

問題14−1

問題１４－２

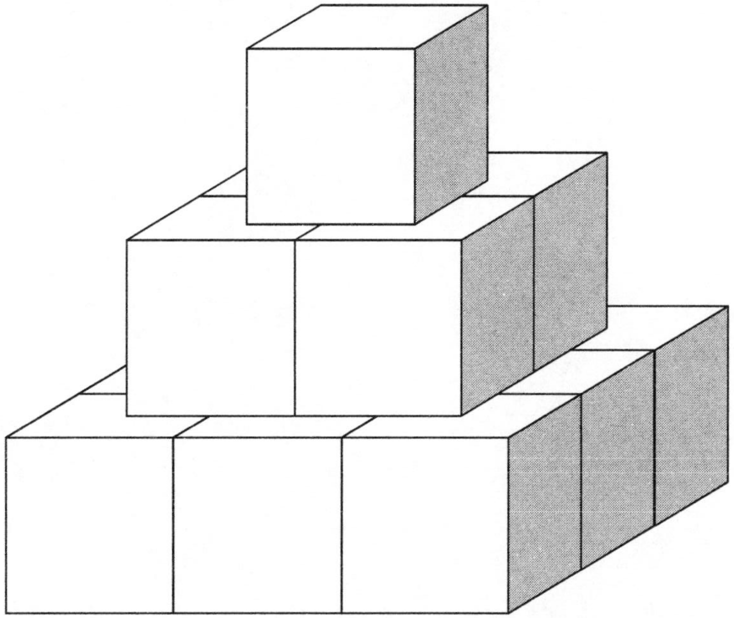

３では割り切れない数の積み木が用意されている

問題１６

①

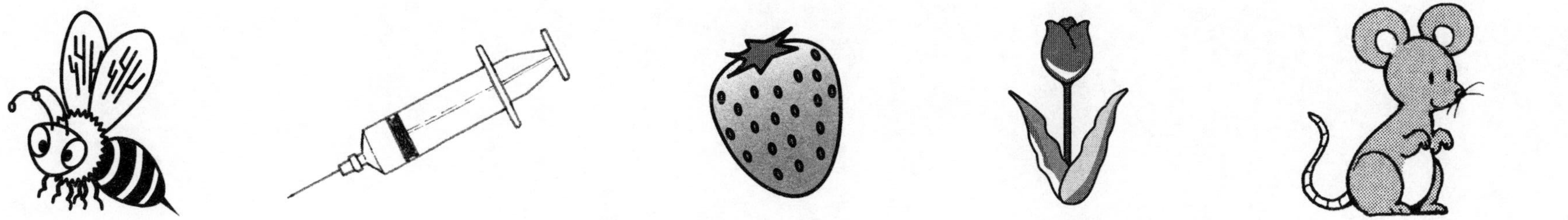

②

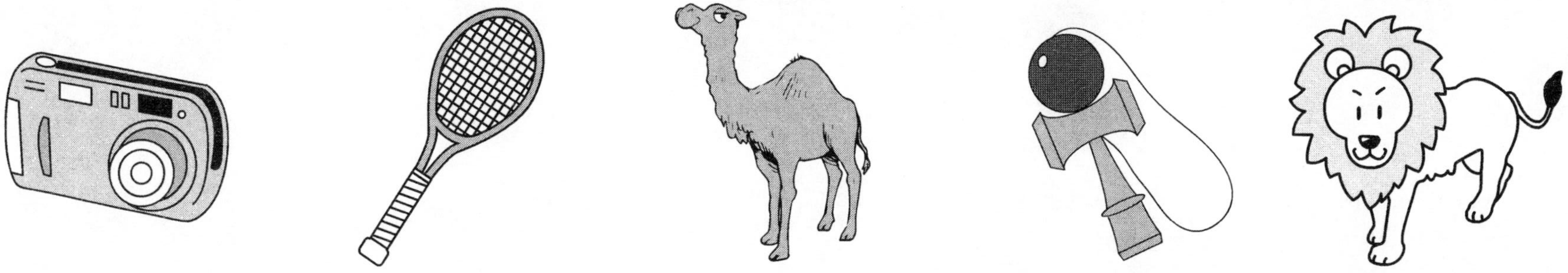

③

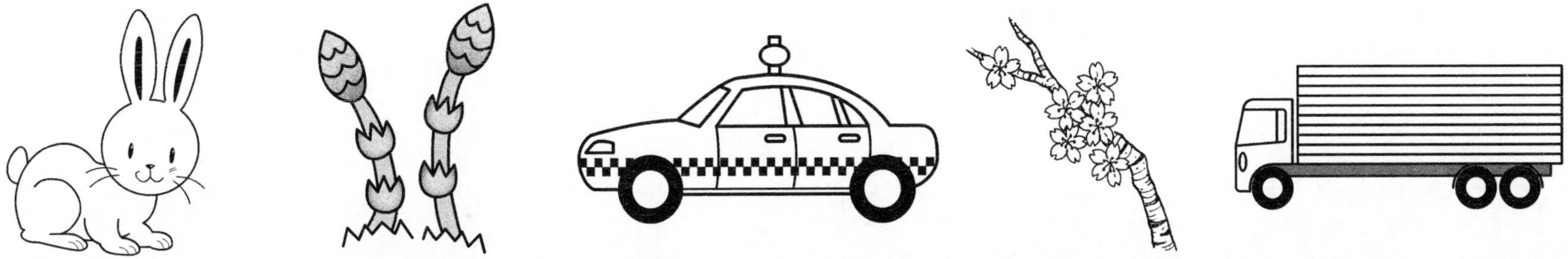

④

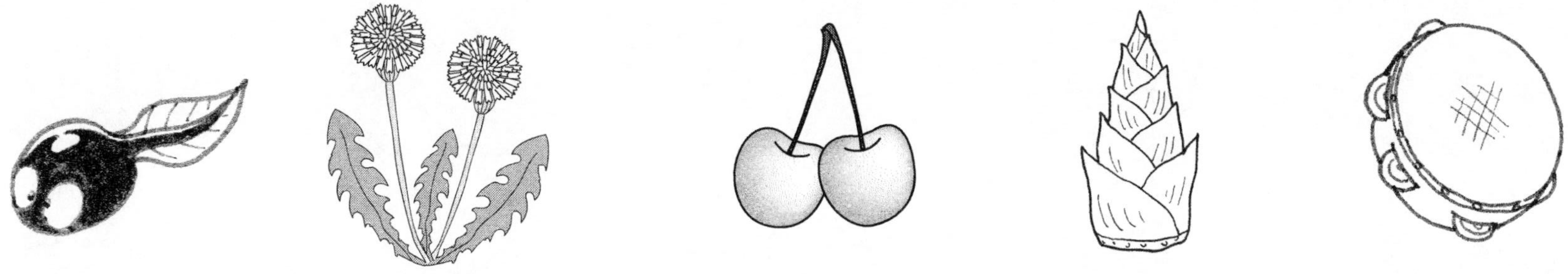

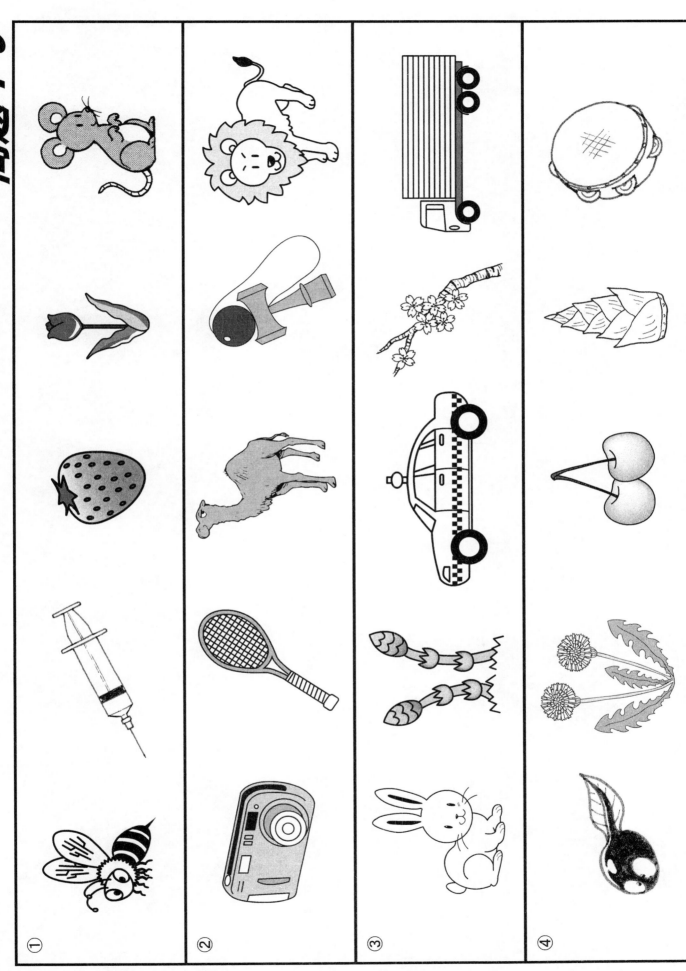

問題１７

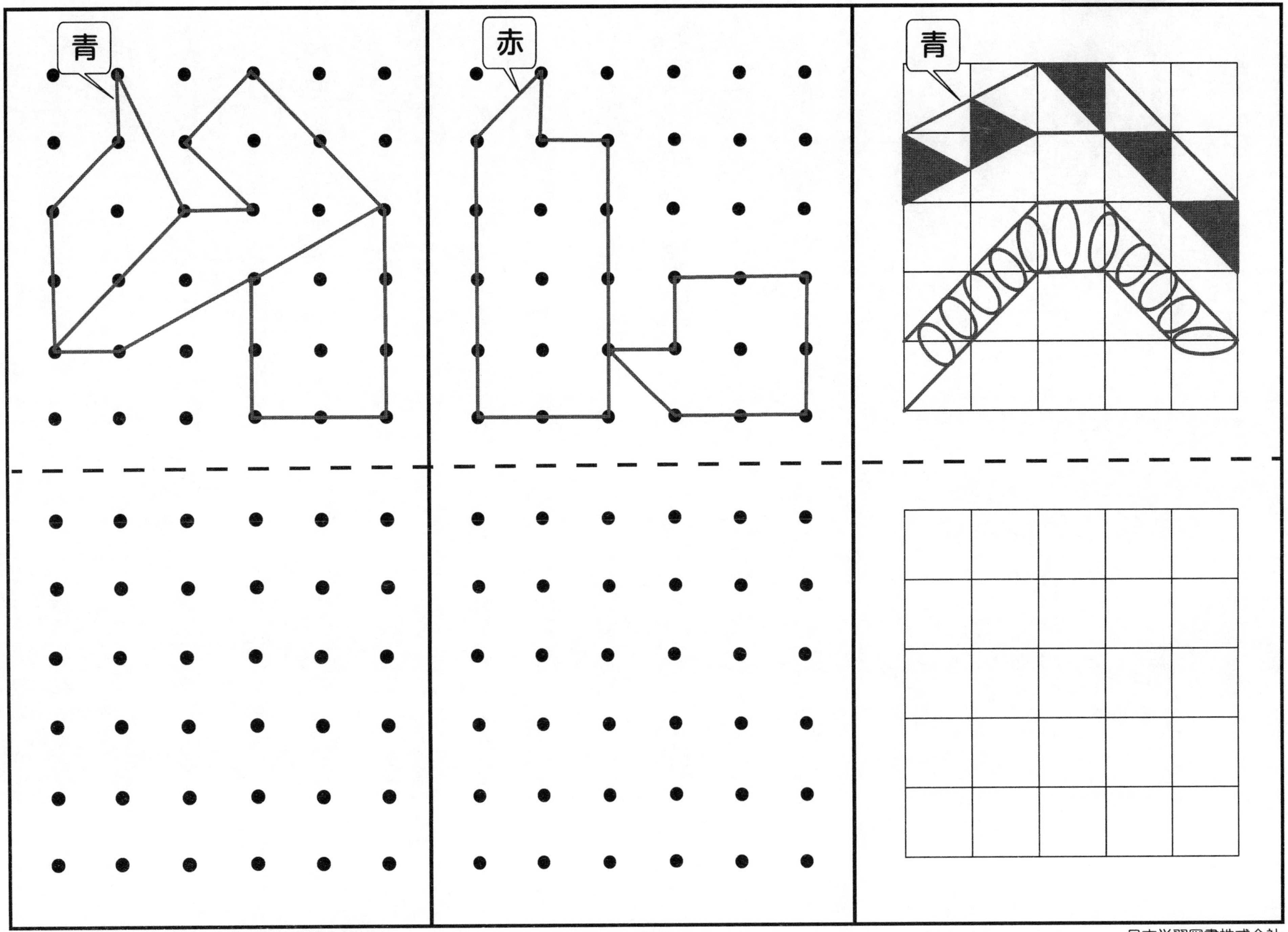

問題18－1

①

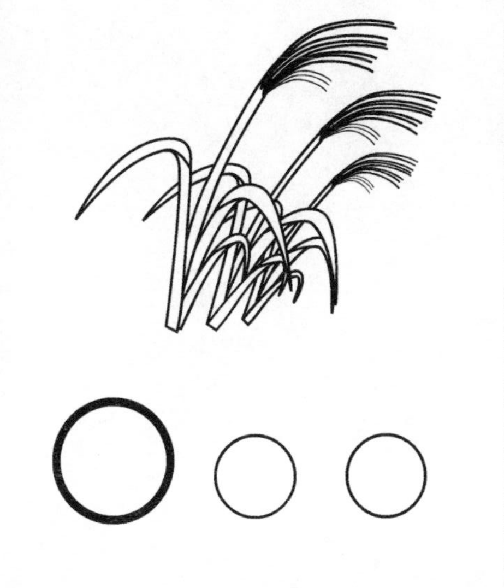

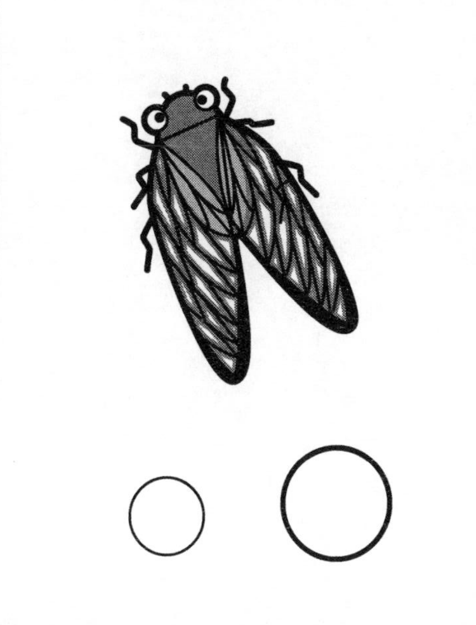

問題１８－２

②

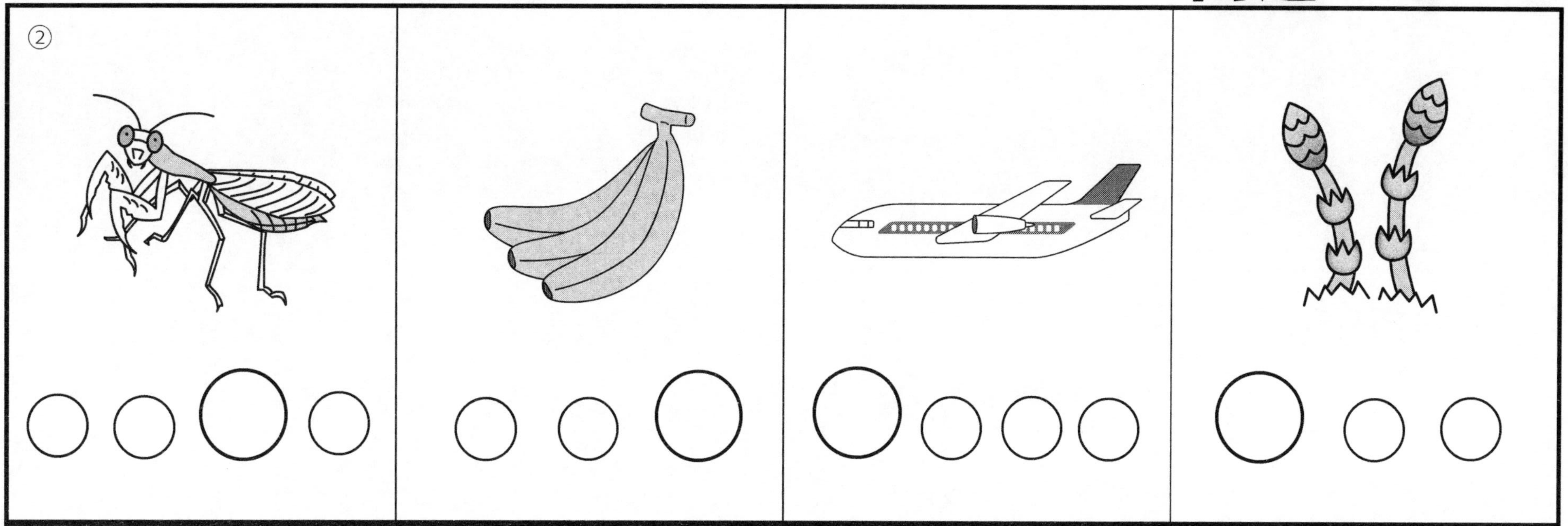

日本学習図書株式会社

問題１９

①

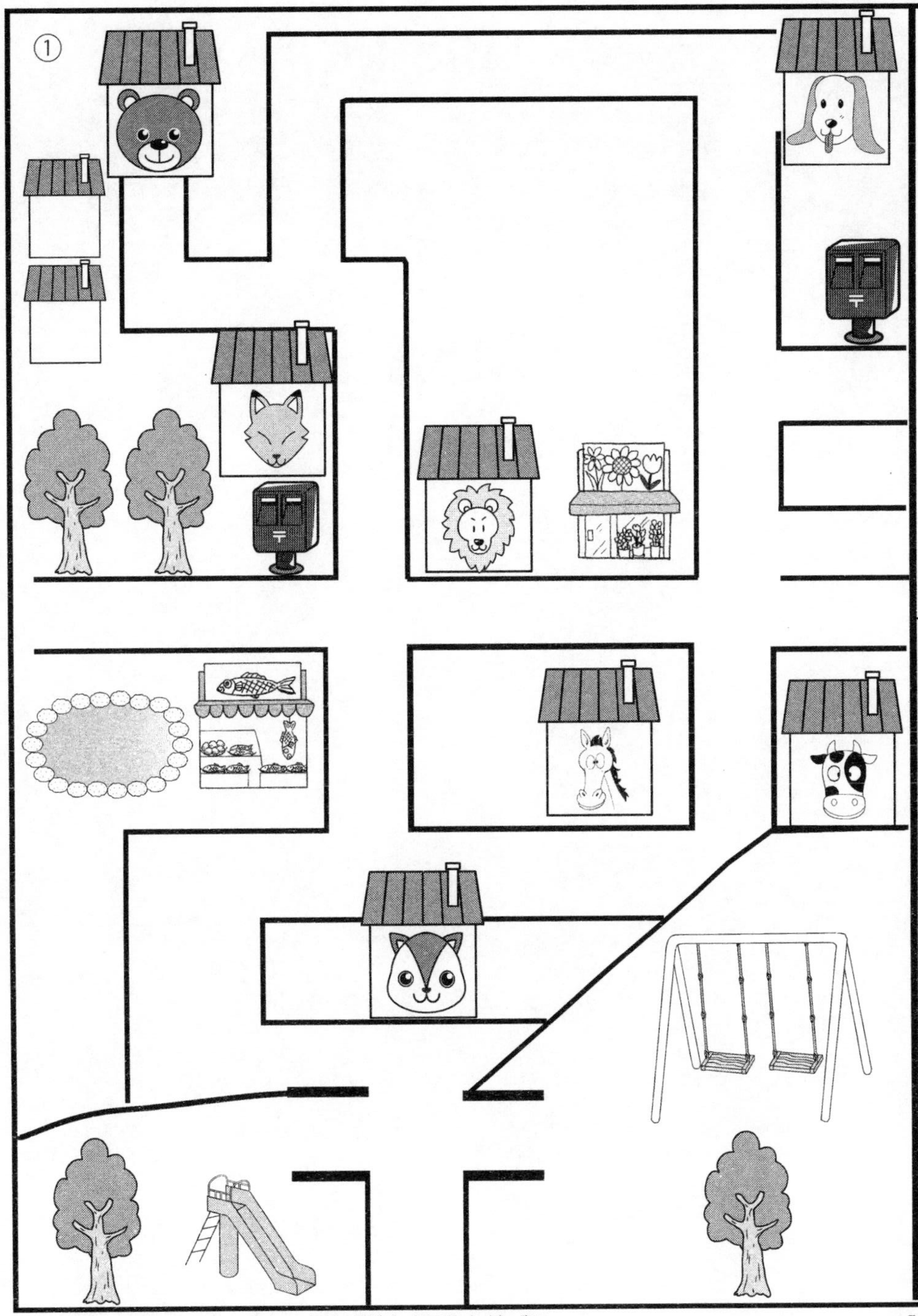

②

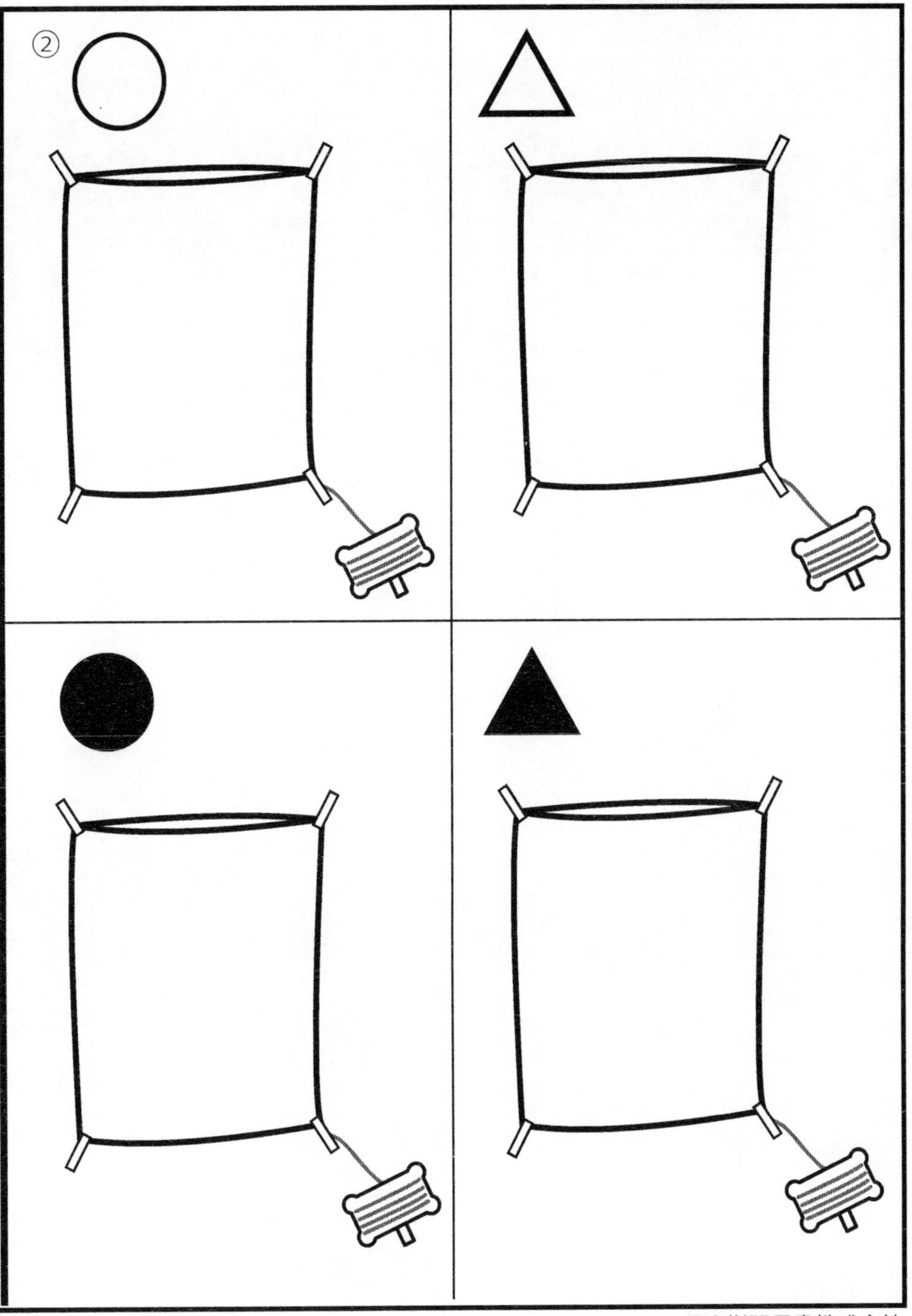

問題２０

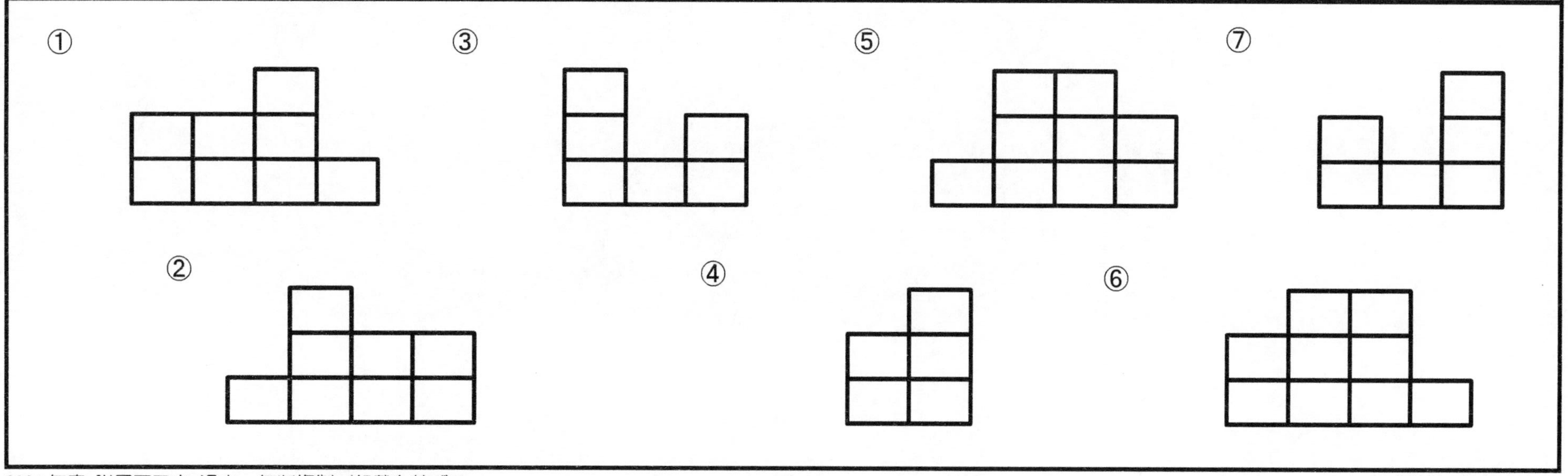

問題20

問題２１

①

②

③

問題２２

①

②

③

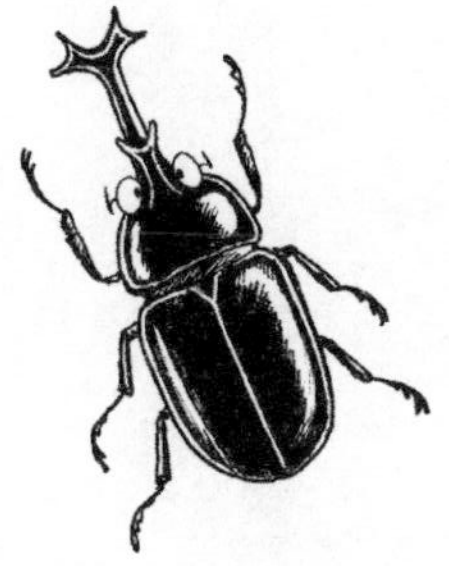

④

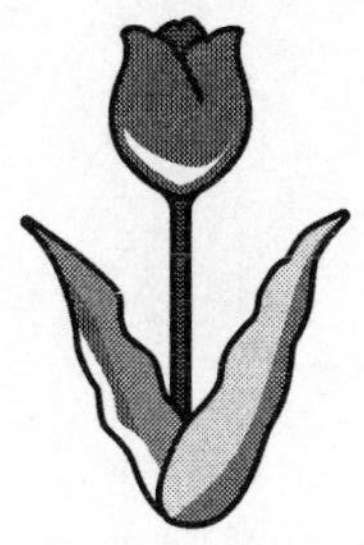

⑤

⑥

⑦

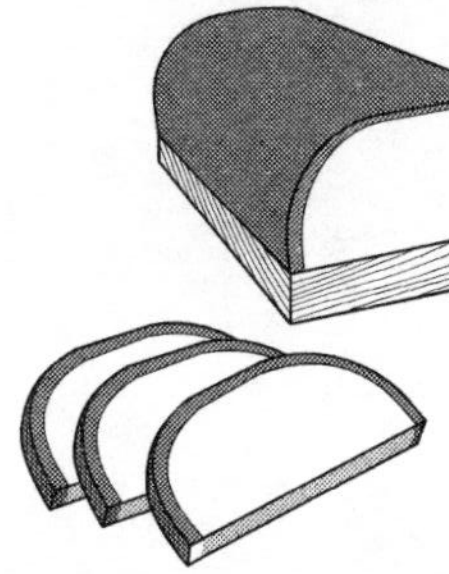

⑧

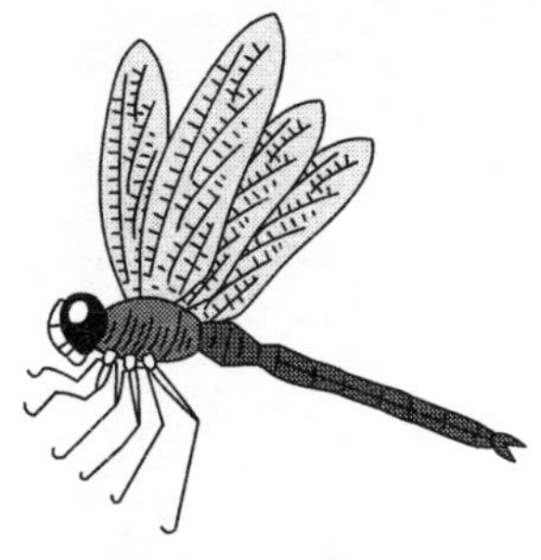

⑨

⑩

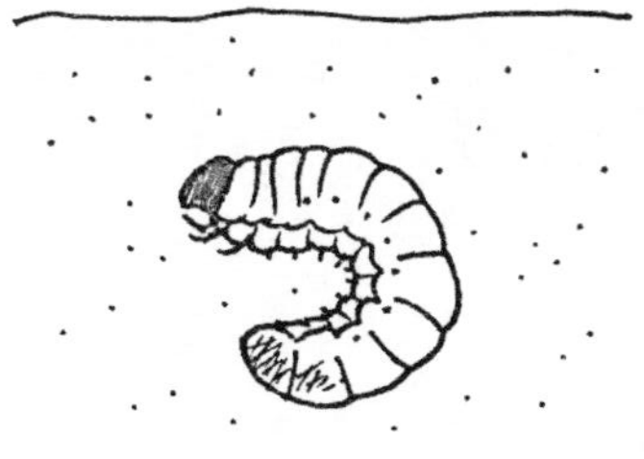

⑪

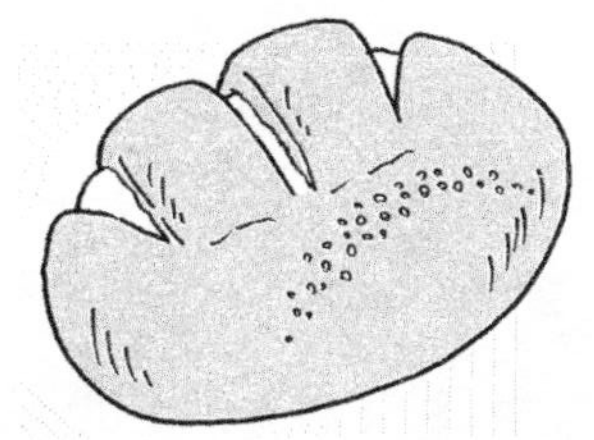

⑫

問題23

①

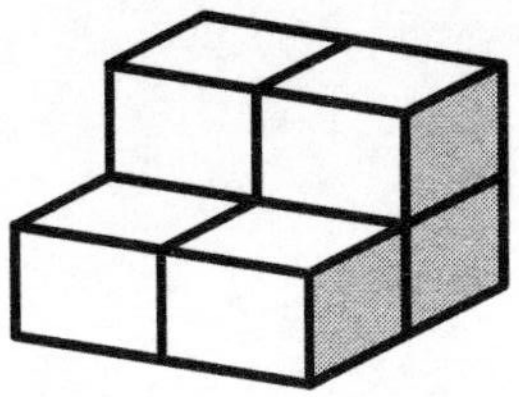

②

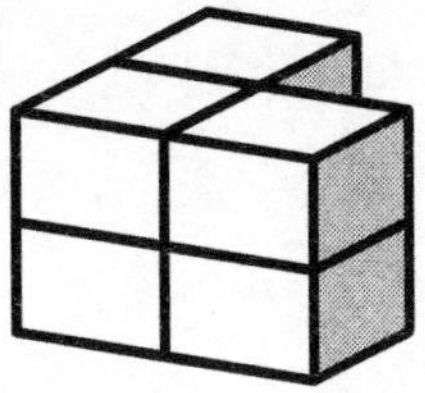

③

④

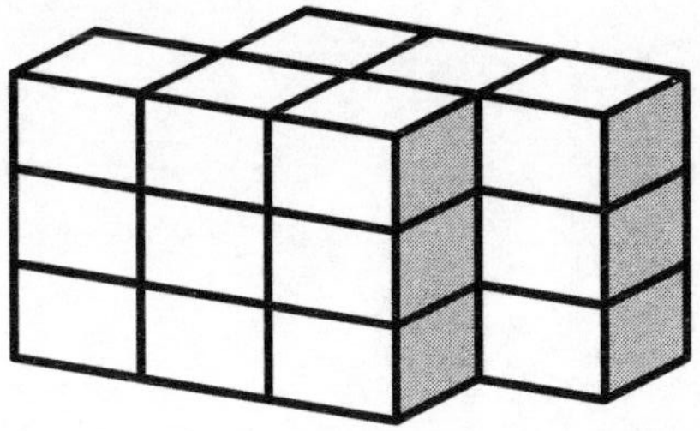

⑤

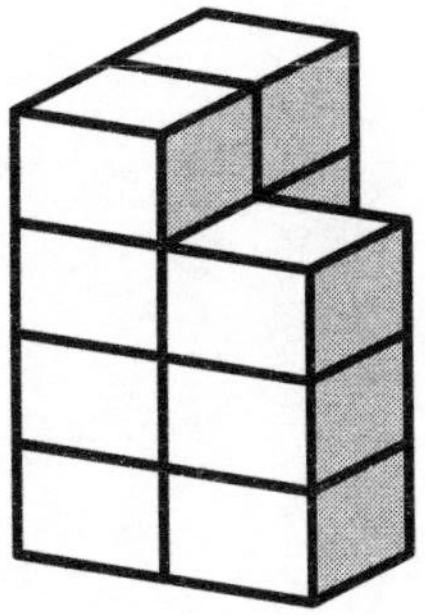

⑥

⑦

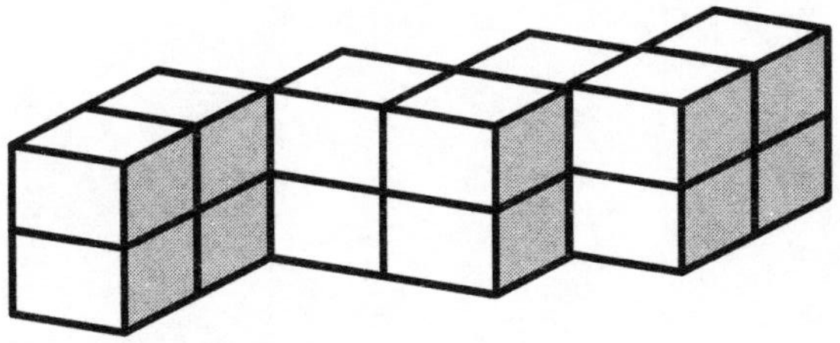

⑧

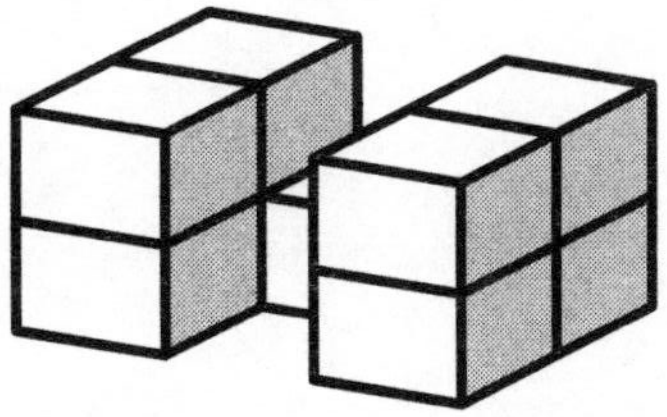

問題２４

①

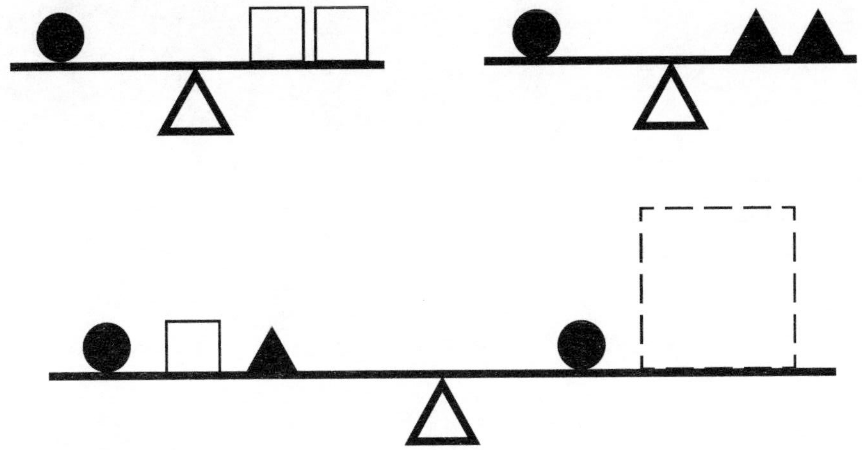

②

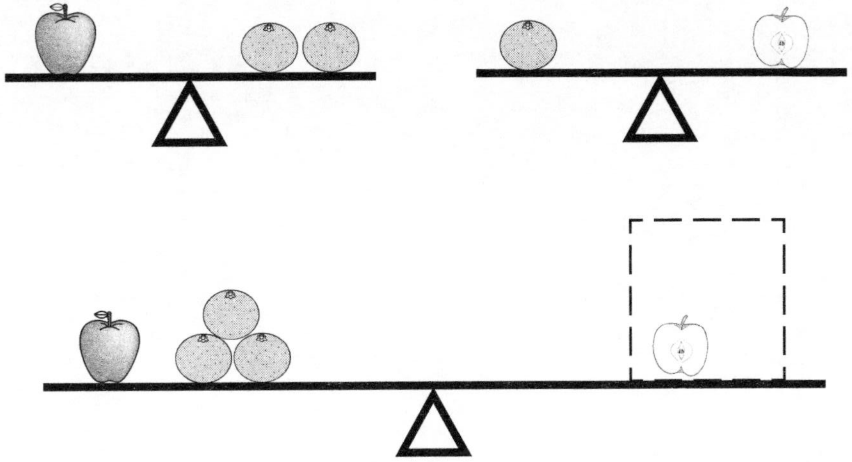

③

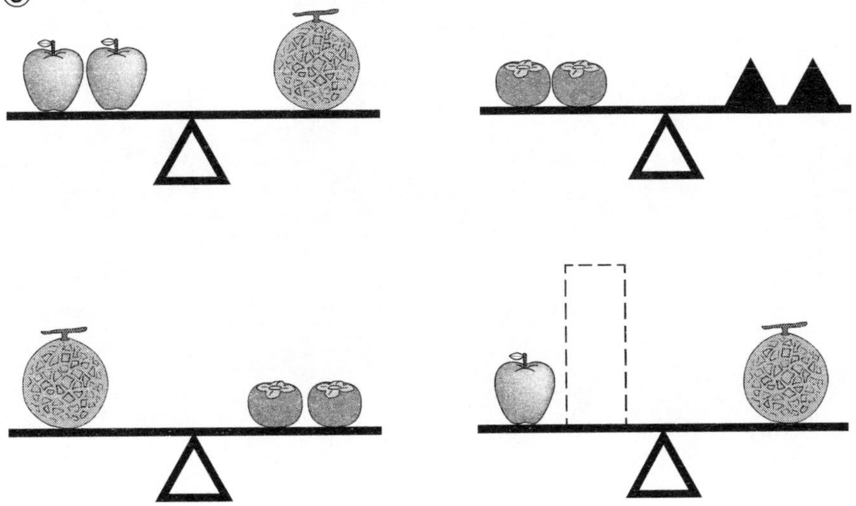

④

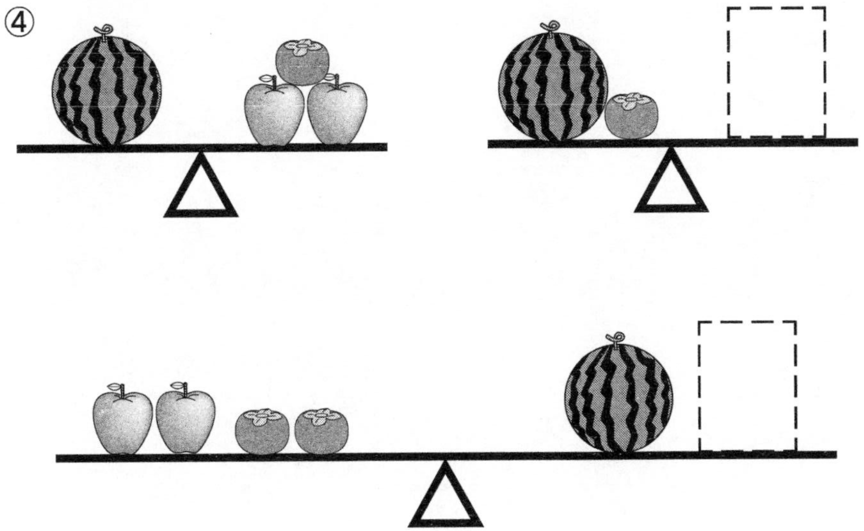

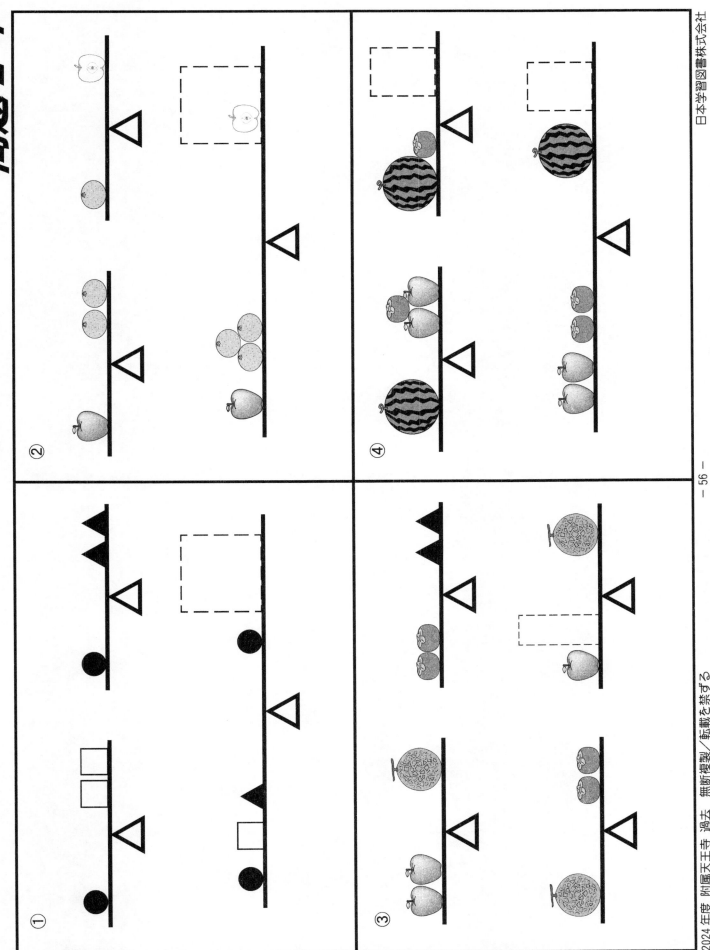

問題25

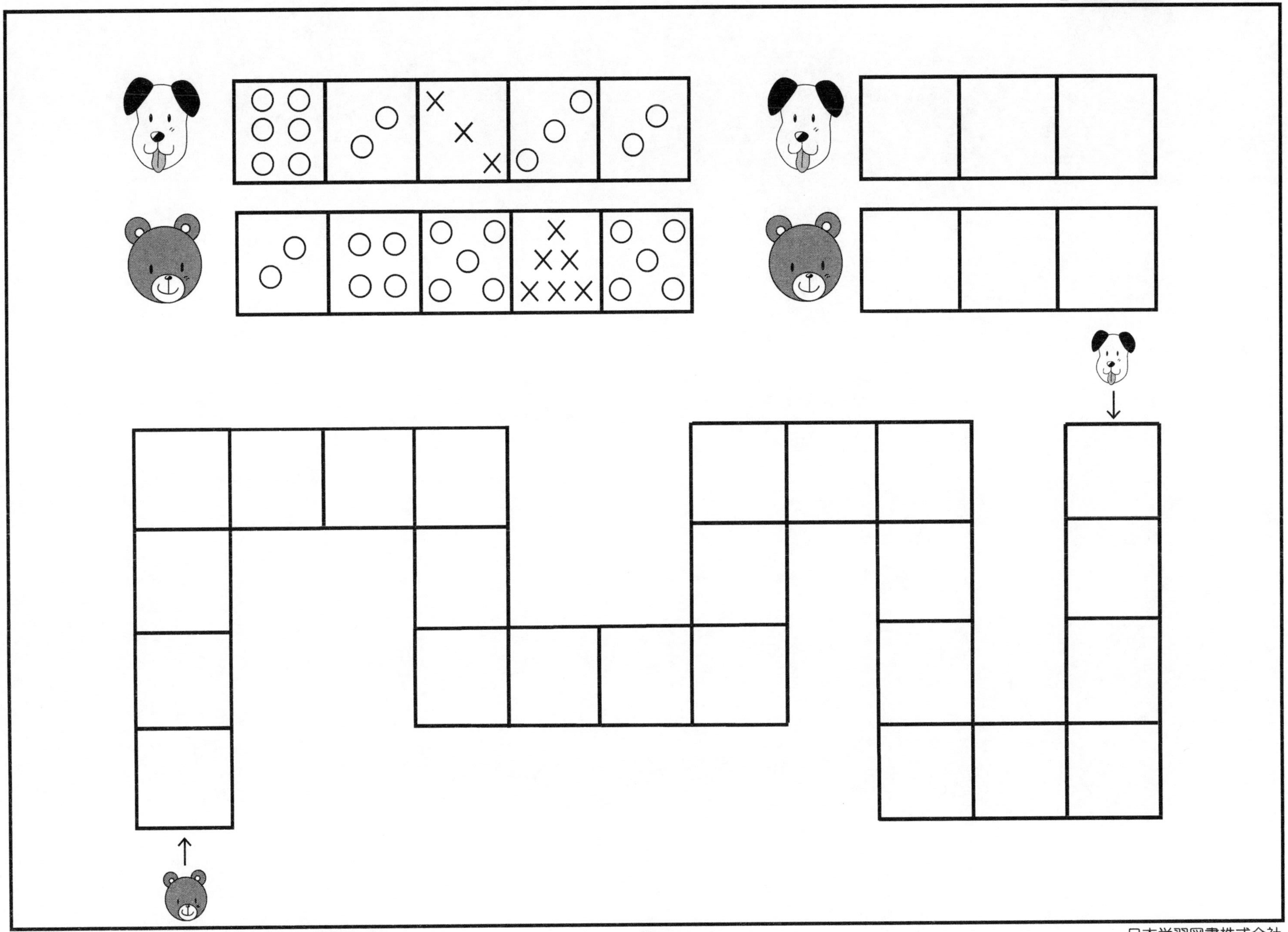

問題26

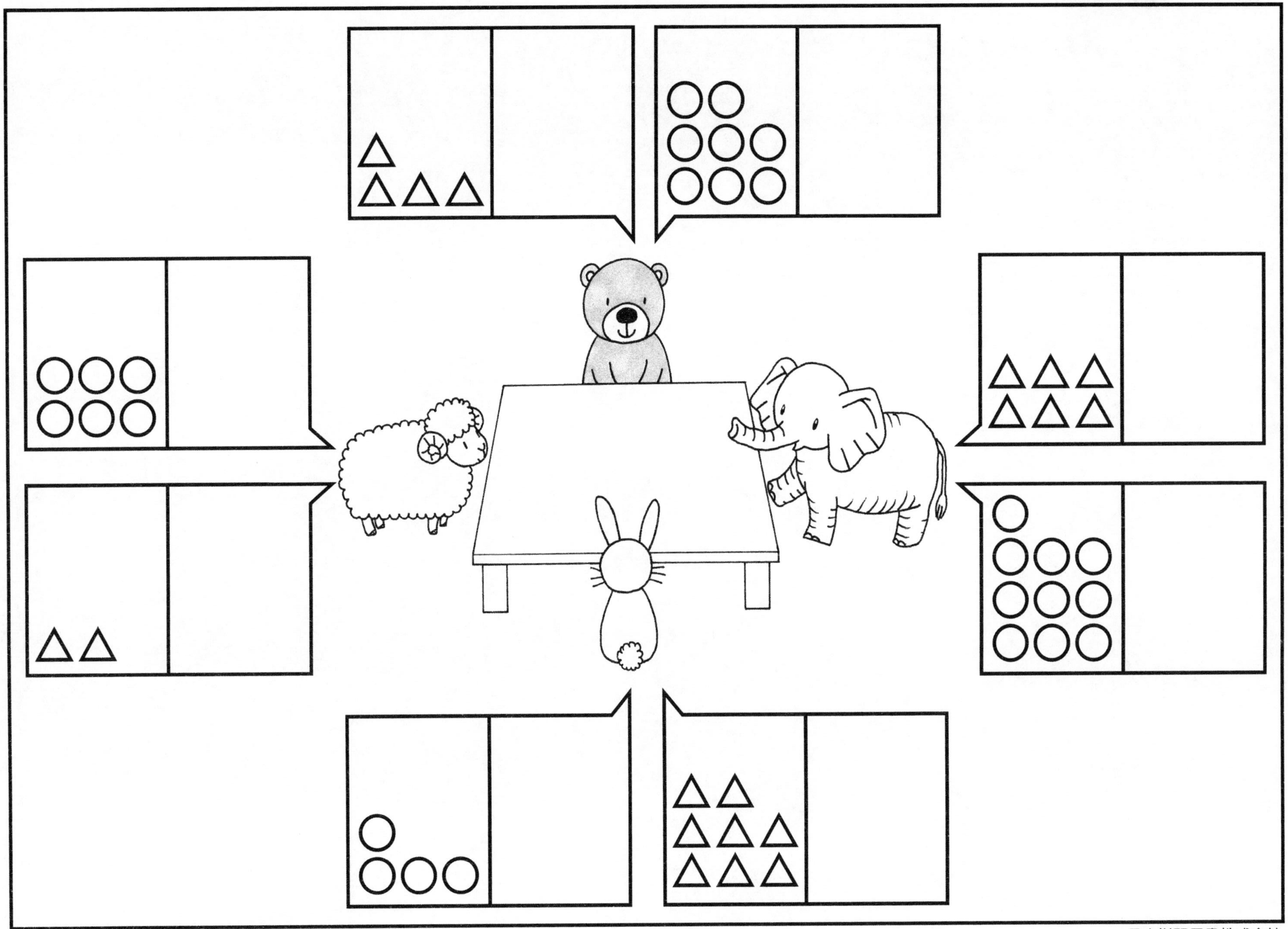

問題２７

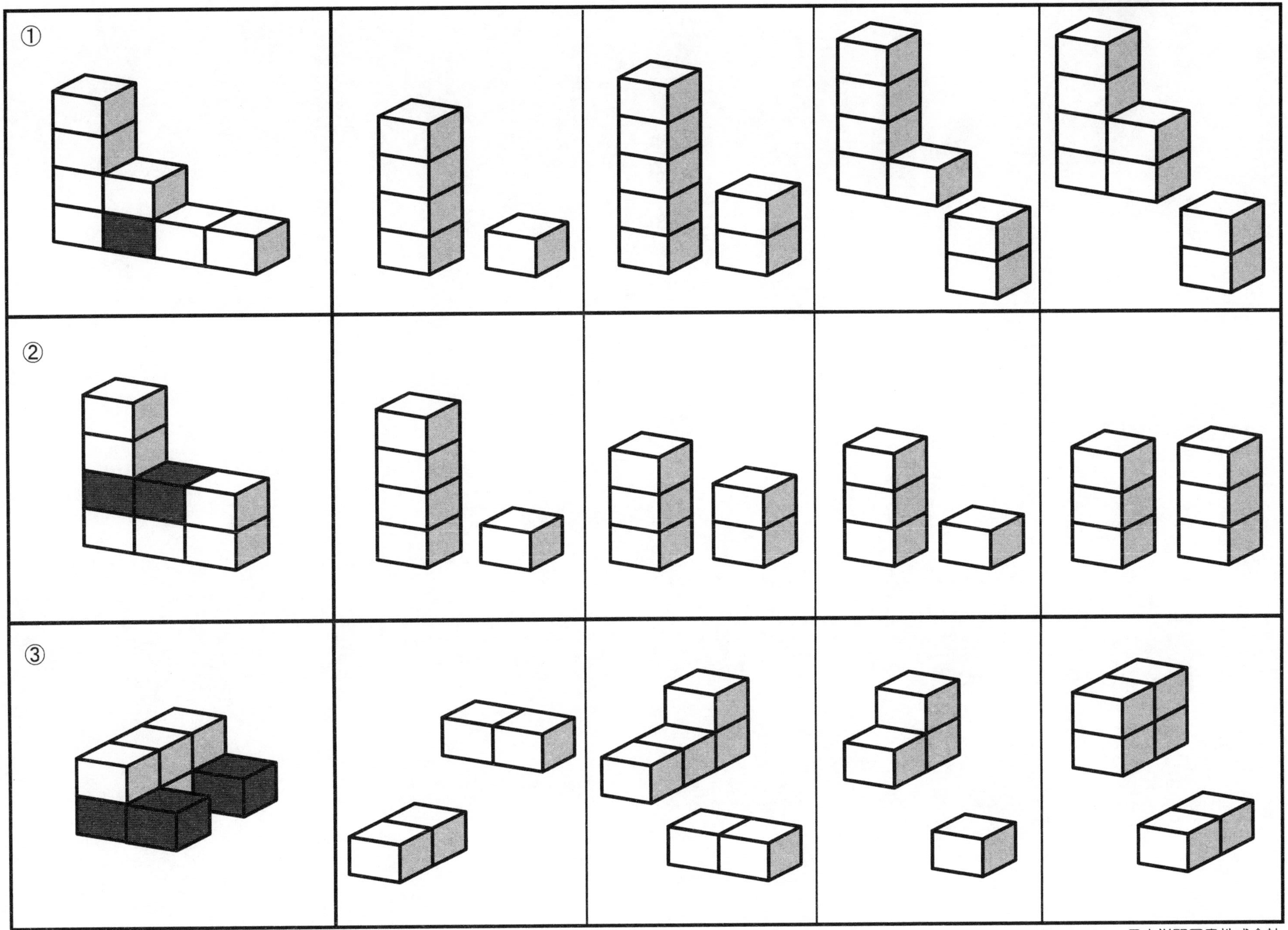

日本学習図書株式会社

問題２８

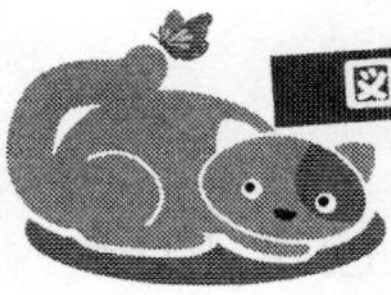

図書カード 1000 円分プレゼント

ご記入日 令和　年　月　日

☆国・私立小学校受験アンケート☆

※可能な範囲でご記入下さい。選択肢は○で囲んで下さい。

〈小学校名〉＿＿＿＿＿＿＿＿＿＿＿＿＿＿　〈お子さまの性別〉男・女　〈誕生月〉＿＿月

〈その他の受験校〉（複数回答可）＿＿＿＿＿＿＿＿＿＿＿＿＿＿＿＿＿＿＿＿＿＿＿＿

〈受験日〉①：＿＿月＿＿日　〈時間〉＿＿時＿＿分　～　＿＿時＿＿分

②：＿＿月＿＿日　〈時間〉＿＿時＿＿分　～　＿＿時＿＿分

〈受験者数〉男女計＿＿名（男子＿＿名　女子＿＿名）

〈お子さまの服装〉＿＿＿＿＿＿＿＿＿＿＿＿＿＿＿＿＿＿＿＿

〈入試全体の流れ〉（記入例）準備体操→行動観察→ペーパーテスト

＿＿＿＿＿＿＿＿＿＿＿＿＿＿＿＿＿＿＿＿＿＿＿＿＿＿＿＿＿＿

Ｅメールによる情報提供

日本学習図書では、Ｅメールでも入試情報を募集しております。

下記のアドレスに、アンケートの内容をご入力の上、メールをお送り下さい。

ojuken@nichigaku.jp

●行動観察　（例）好きなおもちゃで遊ぶ・グループで協力するゲームなど

〈実施日〉＿＿月＿＿日　〈時間〉＿＿時＿＿分　～　＿＿時＿＿分　〈着替え〉□有　□無

〈出題方法〉□肉声　□録音　□その他（　　　　　）　〈お手本〉□有　□無

〈試験形態〉□個別　□集団（　　　人程度）

〈会場図〉

〈内容〉

□自由遊び

＿＿＿＿＿＿＿＿＿＿＿＿＿＿＿＿＿＿＿＿

□グループ活動

＿＿＿＿＿＿＿＿＿＿＿＿＿＿＿＿＿＿＿＿

□その他

＿＿＿＿＿＿＿＿＿＿＿＿＿＿＿＿＿＿＿＿

●運動テスト（有・無）　（例）跳び箱・チームでの競争など

〈実施日〉＿＿月＿＿日　〈時間〉＿＿時＿＿分　～　＿＿時＿＿分　〈着替え〉□有　□無

〈出題方法〉□肉声　□録音　□その他（　　　　　）　〈お手本〉□有　□無

〈試験形態〉□個別　□集団（　　　人程度）

〈会場図〉

〈内容〉

□サーキット運動

□走り　□跳び箱　□平均台　□ゴム跳び

□マット運動　□ボール運動　□なわ跳び

□クマ歩き

□グループ活動＿＿＿＿＿＿＿＿＿＿＿＿＿＿＿＿

□その他＿＿＿＿＿＿＿＿＿＿＿＿＿＿＿＿＿＿

日本学習図書株式会社

●知能テスト・口頭試問

〈実施日〉　　月　　日〈時間〉　　時　　分　～　　時　　分〈お手本〉□有　□無

〈出題方法〉　□肉声　□録音　□その他（　　　　　）〈問題数〉　　枚　　問

分野	方法	内　　容	詳　細・イ　ラ　ス　ト
（例） お話の記憶	☑筆記 □口頭	動物たちが待ち合わせをする話	（あらすじ） 動物たちが待ち合わせをした。最初にウサギさんが来た。次にイヌくんが、その次にネコさんが来た。最後にタヌキくんが来た。 （問題・イラスト） ３番目に来た動物は誰か 
お話の記憶	□筆記 □口頭		（あらすじ） （問題・イラスト）
図形	□筆記 □口頭		
言語	□筆記 □口頭		
常識	□筆記 □口頭		
数量	□筆記 □口頭		
推理	□筆記 □口頭		
その他	□筆記 □口頭		

日本学習図書株式会社

●制作　（例）ぬり絵・お絵かき・工作遊びなど

〈実施日〉＿＿月＿＿日〈時間〉＿＿時＿＿分＿＿～＿＿時＿＿分

〈出題方法〉　□肉声　□録音　□その他（　　　　　　）〈お手本〉□有　□無

〈試験形態〉　□個別　□集団（　　　　人程度）

材料・道具	制作内容
□ハサミ □のり（□つぼ　□液体　□スティック） □セロハンテープ □鉛筆　□クレヨン（　色） □クーピーペン（　色） □サインペン（　色）□ □画用紙（□ A4　□ B4　□ A3 □その他：　　　　　　） □折り紙　□新聞紙　□粘土 □その他（　　　　　　　）	□切る　□貼る　□塗る　□ちぎる　□結ぶ　□描く　□その他（　　　　　　　　） タイトル：＿＿＿＿＿＿＿＿＿＿＿＿

●面接

〈実施日〉＿＿月＿＿日〈時間〉＿＿時＿＿分＿＿～＿＿時＿＿分〈面接担当者〉＿＿＿名

〈試験形態〉□志願者のみ（　　）名　□保護者のみ　□親子同時　□親子別々

〈質問内容〉

□志望動機　□お子さまの様子

□家庭の教育方針

□志望校についての知識・理解

□その他（　　　　　　　　　　　　　）

（　詳　細　）

・

・

・

・

※試験会場の様子をご記入下さい。

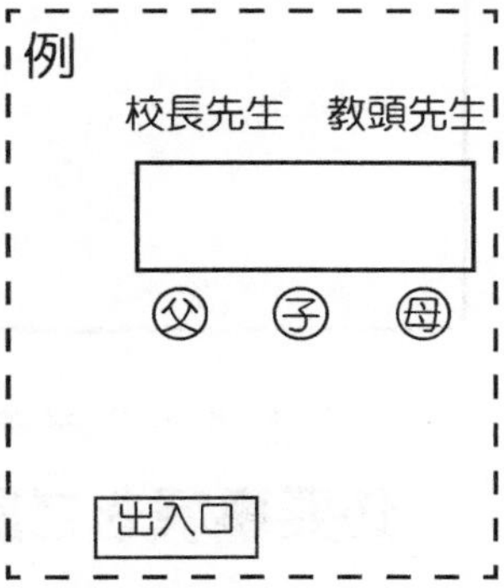

●保護者作文・アンケートの提出（有・無）

〈提出日〉　□面接直前　□出願時　□志願者考査中　□その他（　　　　　　　　）

〈下書き〉　□有　□無

〈アンケート内容〉

（記入例）当校を志望した理由はなんですか（150 字）

●説明会（□有　□無）〈開催日〉＿＿月＿＿日〈時間〉＿＿時＿＿分～＿＿時＿＿分
〈上履き〉　□要　□不要　〈願書配布〉　□有　□無　〈校舎見学〉　□有　□無
〈ご感想〉

●参加された学校行事（複数回答可）
公開授業〈開催日〉＿＿月＿＿日〈時間〉＿＿時＿＿分～＿＿時＿＿分
運動会など〈開催日〉＿＿月＿＿日〈時間〉＿＿時＿＿分～＿＿時＿＿分
学習発表会・音楽会など〈開催日〉＿＿月＿＿日〈時間〉＿＿時＿＿分～＿＿時＿＿分
〈ご感想〉
※是非参加したほうがよいと感じた行事について

●受験を終えてのご感想、今後受験される方へのアドバイス
※対策学習（重点的に学習しておいた方がよい分野）、当日準備しておいたほうがよい物など

＊＊＊＊＊＊＊＊＊＊＊＊　ご記入ありがとうございました　＊＊＊＊＊＊＊＊＊＊＊＊

必要事項をご記入の上、ポストにご投函ください。

なお、本アンケートの送付期限は入試終了後３ヶ月とさせていただきます。また、入試に関する情報の記入量が当社の基準に満たない場合、謝礼の送付ができないことがございます。あらかじめご了承ください。

ご住所：〒＿＿＿＿＿＿＿＿＿＿＿＿＿＿＿＿＿＿

お名前：＿＿＿＿＿＿＿＿＿＿　メール：＿＿＿＿＿＿＿＿＿＿

ＴＥＬ：＿＿＿＿＿＿＿＿＿＿　ＦＡＸ：＿＿＿＿＿＿＿＿＿＿

分野別 小学入試練習帳 ジュニアウォッチャー

1．点・線図形	小学校入試で出題頻度の高い『点・線図形』の模写を、難易度の低いものから段階別に幅広く練習することができるように構成。
2．座標	図形の位置模写という作業を、難易度の低いものから段階別に練習できるように構成。
3．パズル	様々なパズルの問題を難易度の低いものから段階別に練習できるように構成。
4．同図形探し	小学校入試で出題頻度の高い、同図形選びの問題を繰り返し練習できるように構成。
5．回転・展開	図形などを回転、または展開したとき、形がどのように変化するかを学習し、理解を深められるように構成。
6．系列	数、図形などの様々な系列問題を、難易度の低いものから段階別に練習できるように構成。
7．迷路	迷路の問題を繰り返し練習できるように構成。
8．対称	対称に関する問題を４つのテーマに分類し、各テーマごとに問題を段階別に練習できるように構成。
9．合成	図形の合成に関する問題を、難易度の低いものから段階別に練習できるように構成。
10. 四方からの観察	もの（立体）を様々な角度から見て、どのように見えるかを推理する問題を段階別に整理し、１つの形式で複数の問題を練習できるように構成。
11. いろいろな仲間	ものや動物、植物の共通点を見つけ、分類していく問題を中心に構成。
12. 日常生活	日常生活における様々な問題を６つのテーマに分類し、各テーマごとに一つの問題形式で複数の問題を練習できるように構成。
13. 時間の流れ	『時間』に着目し、様々なものごとは、時間が経過するとどのように変化するのかということを学習し、理解できるように構成。
14. 数える	様々なものを『数える』ことから、数の多少の判定やかけ算、わり算の基礎までを練習できるように構成。
15. 比較	比較に関する問題を５つのテーマ（数、高さ、長さ、量、重さ）に分類し、各テーマごとに問題を段階別に練習できるように構成。
16. 積み木	数える対象を積み木に限定した問題集。
17. 言葉の音遊び	言葉の音に関する問題を５つのテーマに分類し、各テーマごとに問題を段階別に練習できるように構成。
18. いろいろな言葉	表現力をより豊かにするいろいろな言葉として、擬態語や擬声語、同音異義語、反意語、数詞を取り上げた問題集。
19. お話の記憶	お話を聴いてその内容を記憶、理解し、設問に答える形式の問題集。
20. 見る記憶・聴く記憶	「見て憶える」「聴いて憶える」という『記憶』分野に特化した問題集。
21. お話作り	いくつかの絵を元にしてお話を作る練習をして、想像力を養うことができるように構成。
22. 想像画	描かれてある形や景色に好きな絵を描くことにより、想像力を養うことができるように構成。
23. 切る・貼る・塗る	小学校入試で出題頻度の高い、はさみやのりなどを用いた巧緻性の問題を繰り返し練習できるように構成。
24• 絵画	小学校入試で出題頻度の高い、お絵かきやぬり絵などクレヨンやクーピーペンを用いた巧緻性の問題を繰り返し練習できるように構成。
25. 生活巧緻性	小学校入試で出題頻度の高い日常生活の様々な場面における巧緻性の問題集。
26. 文字・数字	ひらがなの清音、濁音、拗音、拗長音、促音と１～20までの数字に焦点を絞り、練習できるように構成。
27. 理科	小学校入試で出題頻度が高くなりつつある理科の問題を集めた問題集。
28. 運動	出題頻度の高い運動問題を種目別に分けて構成。
29. 行動観察	項目ごとに問題提起をし、「このような時はどうか、あるいはどう対処するのか」の観点から問いかける形式の問題集。
30. 生活習慣	学校から家庭に提起された問題と思って、一問一問絵を見ながら話し合い、考える形式の問題集。

31. 推理思考	数、量、言語、常識（含理科、一般）など、諸々のジャンルから問題を構成し、近年の小学校入試問題傾向に沿って構成。
32. ブラックボックス	箱や筒の中を通ると、どのようなお約束でどのように変化するかを推理・思考する問題集。
33. シーソー	重さの違うものをシーソーに乗せた時どちらに傾くのか、またどうすればシーソーは釣り合うのかを思考する基礎的な問題集。
34. 季節	様々な行事や植物などを季節別に分類できるように知識をつける問題集。
35. 重ね図形	小学校入試で頻繁に出題されている「図形を重ね合わせてできる形」についての問題を集めました。
36. 同数発見	様々な物を数え「同じ数」を発見し、数の多少の判断や数の認識の基礎を学べるように構成した問題集。
37. 選んで数える	数の学習の基本となる、いろいろなものの数を正しく数える学習を行う問題集。
38. たし算・ひき算1	数字を使わず、たし算とひき算の基礎を身につけるための問題集。
39. たし算・ひき算2	数字を使わず、たし算とひき算の基礎を身につけるための問題集。
40. 数を分ける	数を等しく分ける問題です。等しく分けたときに余りが出るものもあります。
41. 数の構成	ある数がどのような数で構成されているか学んでいきます。
42. 一対多の対応	一対一の対応から、一対多の対応まで、かけ算の考え方の基礎学習を行います。
43. 数のやりとり	あげたり、もらったり、数の変化をしっかりと学びます。
44. 見えない数	指定された条件から数を導き出します。
45. 図形分割	図形の分割に関する問題集。パズルや合成の分野にも通じる様々な問題を集めました。
46. 回転図形	「回転図形」に関する問題集。やさしい問題から始め、いくつかの代表的なパターンから、段階を踏んで学習できるよう編集されています。
47. 座標の移動	「マス目の指示通りに移動する問題」と「指示された数だけ移動する問題」を収録。
48. 鏡図形	鏡で左右反転させた時の見え方を考えます。平面図形から立体図形、文字、絵まで。
49. しりとり	すべての学習の基礎となる「言葉」を学ぶこと、特に「語彙」を増やすことに重点をおき、さまざまなタイプの「しりとり」問題を集めました。
50. 観覧車	観覧車やメリーゴーラウンドなどを舞台にした「回転系列」の問題集。「推理思考」分野の問題ですが、要素として「図形」や「数量」も含みます。
51. 運筆①	鉛筆の持ち方を学び、点線なぞり、お手本を見ながらの模写で、線を引く練習をします。
52. 運筆②	運筆①からさらに発展し、「欠所補完」や「迷路」などを楽しみながら、より複雑な鉛筆運びを習得することを目指します。
53. 四方からの観察 積み木編	積み木を使用した「四方からの観察」に関する問題を練習できるように構成。
54. 図形の構成	見本の図形がどのような部分によって形づくられているかを考えます。
55. 理科②	理科的知識に関する問題を集中して練習する「常識」分野の問題集。
56. マナーとルール	道路や駅、公共の場でのマナー、安全や衛生に関する常識を学べるように構成。
57. 置き換え	さまざまな具体的・抽象的事象を記号で表す「置き換え」の問題を扱います。
58. 比較②	長さ・高さ・体積・数などを数学的な知識を使わず、論理的に推測する「比較」の問題を練習できるように構成。
59. 欠所補完	線と線のつながり、欠けた絵に当てはまるものなどを求める「欠所補完」に取り組める問題集です。
60. 言葉の音（おん）	しりとり、決まった順番の音をつなげるなど、「言葉の音」に関する問題に取り組める練習問題集です。

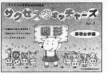

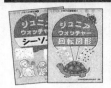

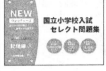

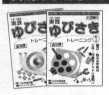

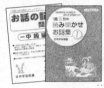

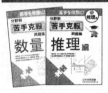

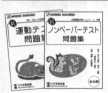

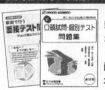

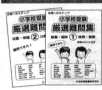

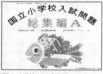

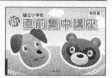

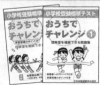

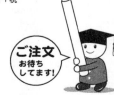

『読み聞かせ』×『質問』＝『聞く力』

お話の記憶の練習に最適

1話5分の 読み聞かせお話集①②

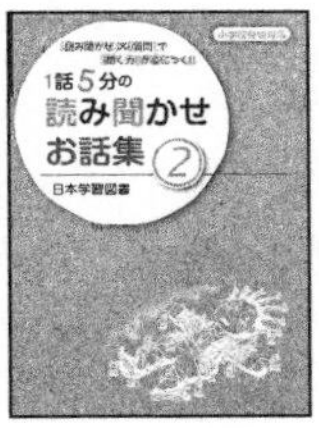

「アラビアン・ナイト」「アンデルセン童話」「イソップ寓話」「グリム童話」、日本や各国の民話、昔話、偉人伝の中から、教育的な物語や、過去に小学校入試でも出題された有名なお話を中心に掲載。お話ごとに、内容に関連したお子さまへの質問も掲載しています。「読み聞かせ」を通して、お子さまの『聞く力』を伸ばすことを目指します。

①巻・②巻　各 48 話

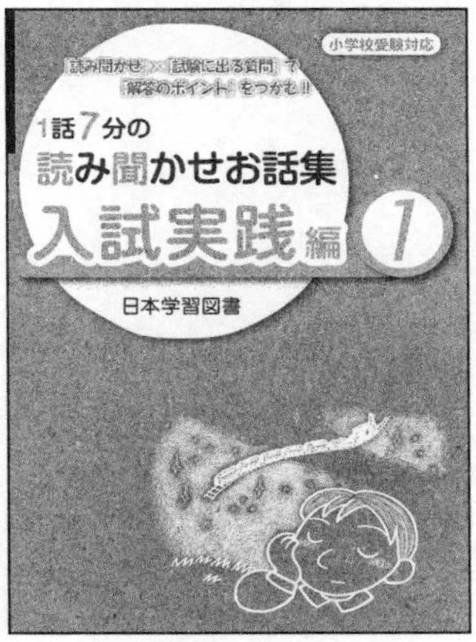

1話7分の読み聞かせお話集 入試実践編①

国立·私立小学校受験対応

最長1,700文字の長文のお話を掲載。有名でない＝「聞いたことのない」お話を聞くことで、『集中力』のアップを目指します。設問も、実際の試験を意識した設問としています。ペーパーテスト実施校の多くが「お話の記憶」の問題を出題します。毎日の「読み聞かせ」と「試験に出る質問」で、「解答のポイント」をつかんで臨みましょう！

50 話収録

ニチガクの　この５冊で受験準備も万全！

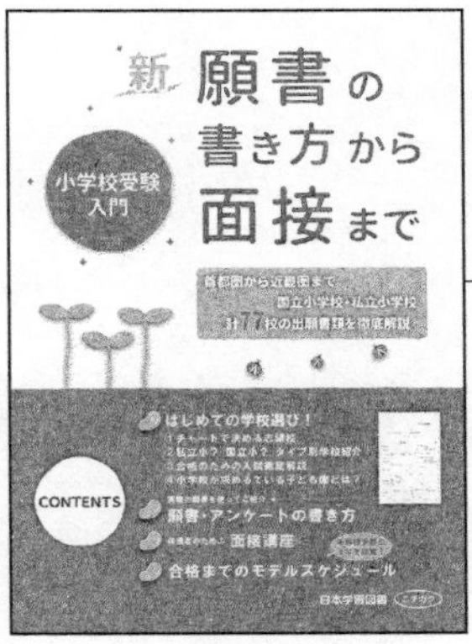

小学校受験入門 願書の書き方から面接まで リニューアル版

主要私立・国立小学校の願書・面接内容を中心に、学校選びや入試の分野傾向、服装コーディネート、持ち物リストなども網羅し、受験準備全体をサポートします。

小学校受験で 知っておくべき 125のこと

小学校受験の基本から怪しい「ウワサ」まで、保護者の方々からの 125 の質問にていねいに解答。目からウロコのお受験本。

新　小学校受験の 入試面接Q＆A リニューアル版

過去十数年に遡り、面接での質問内容を網羅。小学校別、父親・母親・志願者別、さらに学校のこと・志望動機・お子さまについてなど分野ごとに模範解答例やアドバイスを掲載。

新　願書・アンケート 文例集 500 リニューアル版

有名私立小、難関国立小の願書やアンケートに記入するための適切な文例を、質問の項目別に収録。合格を掴むためのヒントが満載！ 願書を書く前に、ぜひ一度お読みください。

小学校受験に関する 保護者の悩みQ＆A

保護者の方約 1,000 人に、学習・生活・躾に関する悩みや問題を取材。その中から厳選した 200 例以上の悩みに、「ふだんの生活」と「入試直前」のアドバイス ２本立てで悩みを解決。

日本学習図書株式会社

大阪教育大学附属天王寺小学校　専用注文書

年　　月　　日

合格のための問題集ベスト・セレクション

＊入試頻出分野ベスト３

1st　お話の記憶
集中力　聞く力

2nd　図　形
思考力　観察力

3rd　行動観察
聞く力　話す力　思考力

分野は広く、基礎から応用まで思考力を問う試験です。「親子活動」「保護者作文」も導入されています。お子さまの学力だけなく、保護者も試される試験になったと言えるでしょう。

分野	書　名	価格（税込）	注文	分野	書　名	価格（税込）	注文
図形	Ｊｒ・ウォッチャー 1「点・線図形」	1,650 円	冊	常識	Ｊｒ・ウォッチャー 34「季節」	1,650 円	冊
図形	Ｊｒ・ウォッチャー 6「系列」	1,650 円	冊	言語	Ｊｒ・ウォッチャー 49「しりとり」	1,650 円	冊
常識	Ｊｒ・ウォッチャー 11「いろいろな仲間」	1,650 円	冊	巧緻性	Ｊｒ・ウォッチャー 51「運筆①」	1,650 円	冊
数量	Ｊｒ・ウォッチャー 14「数える」	1,650 円	冊	巧緻性	Ｊｒ・ウォッチャー 52「運筆②」	1,650 円	冊
言語	Ｊｒ・ウォッチャー 17「言葉の音遊び」	1,650 円	冊	知識	Ｊｒ・ウォッチャー 55「理科②」	1,650 円	冊
言語	Ｊｒ・ウォッチャー 18「いろいろな言葉」	1,650 円	冊	言語	Ｊｒ・ウォッチャー 60「言葉の音（おん）」	1,650 円	冊
記憶	Ｊｒ・ウォッチャー 19「お話の記憶」	1,650 円	冊		小学校の入試面接Ｑ＆Ａ	2,860 円	冊
記憶	Ｊｒ・ウォッチャー 20「見る記憶・聴く記憶」	1,650 円	冊		保護者の方ための面接最強マニュアル	2,200 円	冊
巧緻性	Ｊｒ・ウォッチャー 22「想像画」	1,650 円	冊		面接テスト問題集	2,200 円	冊
巧緻性	Ｊｒ・ウォッチャー 23「切る・貼る・塗る」	1,650 円	冊		口頭試問最強マニュアル ペーパーレス編	2,000 円	冊
知識	Ｊｒ・ウォッチャー 27「理科」	1,650 円	冊		新 願書・アンケート・作文文例集 500	2,860 円	冊
行動観察	Ｊｒ・ウォッチャー 28「運動」	1,650 円	冊		1話5分の読み聞かせお話集①②	1,980 円	各　冊
行動観察	Ｊｒ・ウォッチャー 29「行動観察」	1,650 円	冊		新 個別テスト・口頭試問問題集	2,750 円	冊
推理	Ｊｒ・ウォッチャー 31「推理思考」	1,650 円	冊		新 運動テスト問題集	2,420 円	冊

合計	冊	円

（フリガナ） 氏　名	電　話 ＦＡＸ E-mail
住 所　〒　　　－	以前にご注文されたことはございますか。 有　・　無

★お近くの書店、または記載の電話・FAX・ホームページにてご注文をお受けしております。
電話：03-5261-8951　FAX：03-5261-8953　代金は書籍合計金額＋送料がかかります。
※なお、落丁・乱丁以外の理由による商品の返品・交換には応じかねます。
★ご記入頂いた個人に関する情報は、当社にて厳重に管理致します。なお、ご購入の商品発送の他に、当社発行の書籍案内、書籍に関する調査に使用させて頂く場合がございますので、予めご了承ください。

日本学習図書株式会社
http://www.nichigaku.jp

家庭学習をトータルサポート！ ニチガクのオリジナル 効果的 学習法

1 まずは アドバイスページを読む！

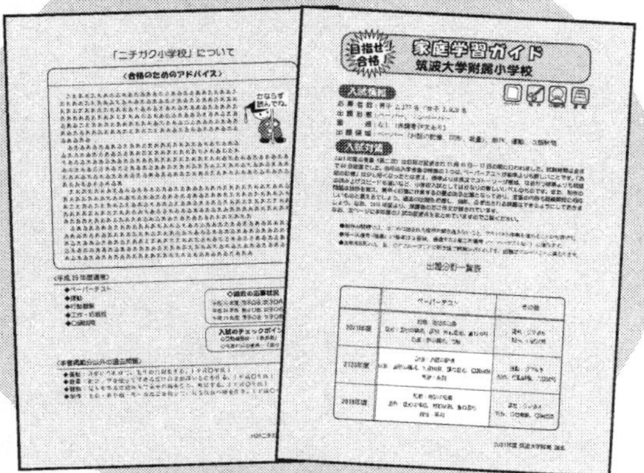

ピンク色です

対策や試験ポイントがぎっしりつまった「家庭学習ガイド」。分野アイコンで、試験の傾向をおさえよう！

2 問題をすべて読み、出題傾向を把握する

3 「学習のポイント」で学校側の観点や問題の解説を熟読

4 はじめて過去問題にチャレンジ！

5 プラスα 対策問題集や類題で力を付ける

過去問のこだわり

最新問題は問題ページ、イラストページ、解答・解説ページが独立しており、お子さまにすぐに取り掛かっていただける作りになっています。
ニチガクの学校別問題集ならではの、学習法を含めたアドバイスを利用して、効率のよい家庭学習を進めてください。

各問題のジャンル

問題8 分野：図形（構成・重ね図形）

〈準備〉 鉛筆、消しゴム

〈問題〉 ①この形は、左の三角形を何枚使ってできていますか。その数だけ右の四角に○を書いてください。
②左の絵の一番下になっている形に○をつけてください。
③左には、透明な板に書かれた３枚の絵があります。この絵をそのまま３枚重ねると、どうなりますか。右から選んで○をつけてください。
④左には、透明な板に書かれた３枚の絵があります。この絵をそのまま３枚重ねると、どうなりますか。右から選んで○をつけてください。

〈時間〉 各20秒

〈解答〉 ①○４つ ②中央 ③右端 ④右端

学習のポイント

空間認識力を総合的に観ることができる問題構成といえるでしょう。これらの３問を見て、どの問題もすんなりと解くことができたでしょうか。当校の入試は、基本問題は確実に解き、難問をどれだけ正解するかで合格が近づいてきます。その観点からいうなら、この問題は全問正解したい問題に入ります。この問題も、お子さま自身に答え合わせをさせることをおすすめいたします。自分で実際に確認することでどのようになっているのか把握することが可能で、理解度が上がります。実際に操作したとき、どうなっているのか。何処がポイントになるのかなど、質問をすると、答えることが確認作業になるため、知識の習得につながります。形や条件を変え、色々な問題にチャレンジしてみましょう。

【おすすめ問題集】
Jr.ウォッチャー45「図形分割」

学習のポイント

各問題の解説や学校の観点、指導のポイントなどを教えます。
今日から保護者の方が家庭学習の先生に！

おすすめ対策問題集

分野ごとに対策問題集をご紹介。苦手分野の克服に最適です！
＊専用注文書付き。

2024年度版 大阪教育大学附属天王寺小学校
過去問題集

発行日 2023年10月17日
発行所 〒162-0821 東京都新宿区津久戸町 3-11-9F
日本学習図書株式会社
電　話 03-5261-8951 ㈹